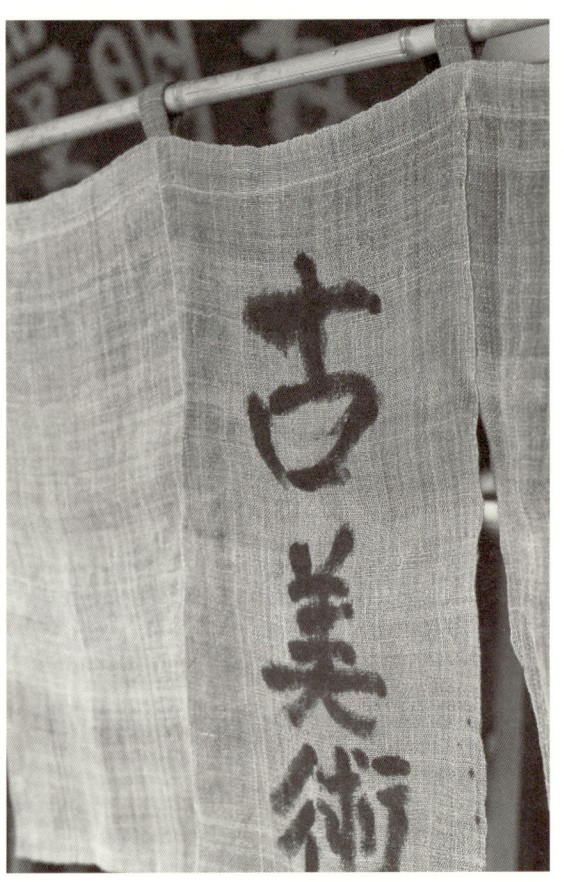

序言
插花之际需要铭记于心的事

昭和三十四年（1959）我二十二岁，结婚刚一年。我在奈良春日野町开了家店，坐落在东大寺和春日大社附近，是块宝地。然而无论摆上怎样的商品都无法大卖，无奈之下，我索性摆上自己喜欢的古美术品供客人欣赏。许是因为我没什么欲望，顺其自然的这种心态，总算是撑到了现在。在店的正对面正好是国立博物馆，许多学者和雅屋的主人们常常光顾本店，让我受益良多，心怀感激，于是偶尔也会在别院招待大家。此时回首，充满了美好的回忆。

我在二十几岁的时候开始插花，也是因日日生活所迫。有幸我生活在一个可以随时亲自去感受四季花草魅力所在的环境里。一方面是为了生意，加之当地的风土人情，使我一入手喜欢的古器就想插上花来招待客人，如此才有了现在的我。我如今也终于像松永耳庵先生所赐的"无法庵"的寓意一般，在插花中自得其乐了。

有句古话叫作"花是靠脚插出来的",我年轻时前辈们也经常这么跟我说,这句话的意思就是说要靠自己的脚出去寻花,观看花朵盛开的样子,然后再把它摘回来插好。

在严峻的自然环境中长出来的花比人工培育出来的花更有气势,花的颜色也十分美丽。我尽可能到深山去寻找花材插花,秉着这条原则一直走到了今天。

考虑着花和花器间的平衡感,尽可能不去修剪花材而使其达到和花器融为一体的效果,另外要仔细思考如何使剪下的花尽可能长地存活下去,哪怕只长一天,这是对花的慈悲,对大自然的感恩。生四季之花,从花里得到生气,内心也更加充实,再没有比这更幸福的事情了,感谢之情,无法言喻。

千利休居士所说的"如花在野"应该就是指我们要仔细观察花朵盛开的自然之态,随性插花吧。我不太擅长无论何事都要刻意向别人学习,更喜欢效仿符合自己感性之事,进而习惯,在日常生活中愉快地享受花儿带来的乐趣。

无法庵往昔物语——友明堂书留帖摘录——新春至初夏

鸢城初茶会 93　待春 95　问荆破土之时 97
白花 99　古代壶与山茶碗 101　往来于奈良的僧侣 103
和孙儿们一起 104

如花在野——入夏、秋盛 105

七月 107　八月 117　九月 129　十月 143

无法庵往昔物语——友明堂书留帖摘录——夏至秋冬 153

古美人之会 155　月与龟 157　赏月之会 159
秋似锦 161　思无穷亭翁 163　忙中闲 166

如花在野——秋逝、年来 169

十一月 171　十二月 189

后记 202

目录

如花在野——待春、春来 01

一月 03　二月 17　三月 31　四月 43

赏春——一碗清茶的款待 52

如花在野——初夏的色彩 65

五月 67　六月 77

摄影：
宫野正喜
大道雪代（2・4・5・8・11・13・14）

如花在野
——待春、春来

一月

寒红梅 白山茶花

带枝青竹花插　拙作

从年轻的时候起，每逢迎新年之际，年底二十七、二十八，我总会去旧邸的竹丛里挑选竹子做成花插或露地[1]庭院里水琴窟上的竹水落。

修整枝条，截出七八只花插，用清水洗干净，打一满桶水浸着，直到除夕。

在新裁的青竹花插里插上院子里的寒红梅与白山茶花，挂在泥墙之上，新的一年就这样开始了。

早些年新年初釜时用青竹插了若松，之后从参加初釜的客人那里寄来一首和歌："切青竹以插松，此亦为花，某翁心悦之相。"想起来这封信，就把它装裱起来，一直小心地保管着。

1　露地，日本茶室的庭园，由外露地与内露地组成。

贴梗海棠 数寄屋侘助山茶

带枝青竹花插 拙作

花器是我自己制作的带枝青竹花插,昭和三十年代末至四十年代初(1960年前后),北镰仓的斋藤寿福庵举行北仓会。北仓会以松永耳庵翁[1]为顾问,以住在镰仓的古美术商人为主,嗜尚茶道之人,如田山方南[2]先生也参与其中,每月会聚在一起举办茶会。

有一年,镰仓难得下雪,有人悬釜办茶会,我带去了拙作青竹花插,还有岳父做的竹筒装清酒。众人不胜欢喜。

1 松永安左卫门(1875—1971),昭和时代(1926—1989)日本财界、政界的领袖人物,收藏家。第二次世界大战后移居小田原,嗜尚茶道,号耳庵,与小林逸翁等并称近代小田原三茶人。
2 田山方南(1903—1980),日本文部省文物鉴定官,中国禅僧墨迹文物研究领域的第一人。常年从事文物鉴定,著有《禅林墨迹》。

辛夷
白花山茶
曙山茶

带枝青竹花插　拙作

另外，滋贺县信乐 MIHO 美术馆的创始人小山美会长每年年底三十左右也会向我要一两只青竹花插回去。直到他离世，每到新年来临之际都很期待他来取花插。

青竹的花插总是这样，仿佛摆上它，就已经迎来新年了，那种清冽冽的感觉，对于辞旧迎新再合适不过了。

寒红梅白侘助山茶

李朝白瓷德利
春日大社散米盘漆台

这只德利酒壶我一人喝酒正合适，朱漆的散米盘与白色的酒壶放在一起，红白相衬，取来白色的侘助山茶，又去旧邸的院子里剪来寒红梅枝插在一起。独自饮酒是件妙事，插上花，静静欣赏也能自得其乐。

寒红梅每年开花都较早，古有诗云"春在寒梅雪里枝"，梅占花魁，翘首待春，十分应景。

茶人千利休曾引用藤原定家的和歌"莫待春花开，君不见，雪下青青草，春色已盎然"。一草一木，感知大自然的恩惠，当春绽放，是不变的真理。

紫金牛
大日曙山茶
柳叶忍冬

二重切口竹筒花器　绿毛龟莳绘

铭『十八公』

　　每年正月，除了按惯例会用的自制青竹花插之外，我还会用这只二重切口竹筒花器。插上柳叶忍冬、茶花与紫金牛。花器铭为"十八公"，意指松，象征长青。

　　每年都去参加茶道里千家今日庵的新春初釜，新春的茶席中会用上千利休手制的二重切口竹筒花器，插上柳叶忍冬与茶花，迎接新年再合适不过了。

笔柿 古鼓胴
水仙

每年冬天都会留那么一两个柿子在树上，祈愿来年也可以果实累累。这一两个留在树上的柿子叫"木守"。严冬，叶子也基本掉光了，取了新年的水仙，新旧之合，衬托得水仙熠熠生辉。

水仙在寒冷的季节开放，散发着清澈凛冽的香味，她在风雪中盛开的样子是那样让人怜爱。一只老件的鼓胴和去年的柿子的暖色，让人感到几分暖意。

红一休山茶

须惠器　𤭯

　　须惠器是日本古坟时代（390 — 538）就开始制作的一种土陶器。叫作"𤭯"的须惠器，一般几乎没有圈足，而这一只圈足明显，器身挂釉，实属罕见，四季皆可应用。

　　红一休是侘助山茶花的一种，因为是种在院子里自然生长，叶子上都有虫蛀。

　　通常这样的破叶在插花时会被修剪掉，然而插在这个幽远的古代花器之上，反而是相得益彰。

　　侘助山茶花的品种繁多，岁暮十二月，白色的侘助山茶花会先开。

　　我旧藏的挂轴中，有住吉屋宗全所书，寄给奈良松屋源三郎久政的书简。宗全的法名叫侘助，茶道具史上也有提及宗全曾有一件铭为"侘助肩冲"的名器。

　　想来，这侘助山茶花也应是因宗全所偏爱而得名吧。

旌节花
红白绞色腊月山茶

古丹波[1]花器

这只古丹波花器很像古代染黑牙齿[2]时用的染壶片口。背面有个老件的挂钩,十分小巧,备受钟爱。

我也偏爱这绞色的茶花,早年在院子里植了一株,现在已经长成大树,每年都开得繁花似锦。

另一树枝是旌节花,春尚浅,还是很硬的骨朵。

---

1 丹波位于兵库县筱山市今田,自室町时代(1336—1573)开始出产陶瓷器,是与濑户、常滑、信乐、备前、越前齐名的日本六古窑之一,桃山时代前的作品称为古丹波。
2 染黑牙齿是日本古代女性的一种化妆方法,将牙齿用铁浆染黑,以此为美。

寒牡丹

绍鸥信乐坛[1]

这个信乐花器原本用作小间茶室的清水罐，带一个涂黑漆的盖子，供箱的箱书上写有"绍鸥信乐水指"字样。

寒牡丹插在青瓷的花瓶或者青铜的花器内是约定俗成，我没有遵循这些陈规，看了看花与花器之间的平衡，就很自由地插上了。

---

1 信乐地区自奈良时代（710—794）开始出产陶器，是日本六古窑之一。信乐烧以罐子、坛子等日常杂器为主，特色是烧结温度高，呈红褐色土胎上挂暗绿色的灰釉。

腊梅

常滑大坛[1] 室町时代

友明堂的玄关内悬挂着一只春日大社吊灯笼,旁边插着腊梅的大坛子是朋友帮我寻来的室町时代的古物,腊梅的清香飘散在角落。比起坛子上空无一物的时候,随手插上几枝,屋子里立刻有了生气,一枝足见主人与花的温柔相待。

---

[1] 常滑位于日本爱知县,是日本六古窑之一。常滑烧烧结温度高,早期多见不挂釉的炻器。

二月

白梅 侘助山茶
数寄屋

一重切口竹筒　铭『鬼面』

这只藤村庸轩[1]作的竹筒花器铭为"鬼面"，在二月节分[2]时节用再合适不过了。

初见这只花器还是五十年代初，它堂堂正正的样子给我留下深刻的印象。

京都府木津市加茂町的常念寺，住持叫十河泰隆长老，是天台宗盛宗、西教寺的高僧，九十岁圆寂。老和尚在世时喜爱古董，从我刚开古美术店时就开始往来。他花一元半分五十钱买了第一只茶碗，从此开始嗜尚古物之路。老和尚雅号半圆庵，每次他兴冲冲翩然而至的样子总让我恍惚觉得是良宽再世了。

有一年二月，十河住持开了一场茶会，正好用这只竹筒插花。回家路上我就一直惦记着这个竹筒花器，翌日我诚惶诚恐地恳请住持"这只出给我吧"，于是住持将它割爱与我，从此这只竹筒就和这段回忆一起成为我的珍藏。

这只花器可置于龛上，亦可悬挂于壁。侘助山茶是在旧邸采的，之后又从附近的山上采来花苞较少的白梅，将它悬挂在土墙之上。这天窗外白雪皑皑，春天还要等上一阵子吧。

1　藤村庸轩（1613 — 1699），江户时代（1603 — 1867）前期的茶人，开创茶道庸轩流，被誉为宗旦四天王之一。
2　节分指立春前一日，日本民间有在节分日举行"豆打鬼"活动的习俗，以此驱鬼祈福。

老山芹 桃色梅

须惠器高足杯　古坟时代

这只古坟时代的高足杯，是藏了多年的一件土器，形色都显质朴。

我的旧邸附近是平城宫北侧的佐纪盾列古坟群，那里的丘陵是自然花草的宝库，在霜雪的覆盖之下，老山芹的嫩叶已经开始抽芽。新芽的外叶尖，霜打之下已经有些苦味，但这正好接了还有泥土味的这只古坟高足杯的气息。我添了一只待放的梅花苞，写下一句：

寄与老山芹

　佐纪山上冬景色　君不见　落叶下已是春
　　　　　　　　　　　　　偶感　愚咏

红梅白山茶

老件竹筒花器

　　蓄势待发的茶花苞，在茶室里被摆弄之间，鼓得圆滚滚的，仿佛立刻就要绽放。

　　于是为它添了一枝细细的梅枝。

　　花器看来像是个老件，竹筒内有置有铜打的内筒，后面的挂钩还是象牙的，色泽已经上了年代。这只花器也可以放置在龛上，不愧是做工精致的老件，摆起来像安稳宽坐的老者。

马醉木嫩叶 红花金缕梅

铸铁吊灯火器
弥生小壶
（爱知县安城市古井出土）

这只弥生时代（250—300）的小壶是全品，但看着总觉得像明器，箱书上也写着明器。早年在爱知县安城市还有大量的弥生时代土器出土，这些年不怎么出现了。能够遇见这么小巧的土器，委实罕见。

以前，热海的 MOA 美术馆原吉冈庸治馆长曾特别策划过一场小型器物的展览，如果先生还在世，看见这件小器该有多雀跃，想到这里，无限感怀。

金缕梅开黄花的比较常见，这枝开出红色花朵的金缕梅，如其名，不多见，几年前觉得稀罕，在别院里种下的，每年都会开花。搭配上马醉木的新叶，这只老花器一下子就鲜活了。

每次看到花器与花仿佛是天生一对之时，总是忍不住感慨，这个世界上花能带来这么多幸福和感动，忍不住又有要写一点什么的冲动。

手执隔世小壶瓶　弥生少女曾可用　旧时岁月思如缕
　　　　　　　　　　　　　　　　　　　　愚咏

腊瓣木 红侘助山茶

水谷川忠麿¹旧藏 春日大社油壶

不知何故，松永耳庵、益田钝翁这样的大藏家和茶人都对油壶的器型偏爱有加。

因为是消耗品，所以保存完好留下来的也为数不多。

水谷川忠麿公是近卫文麿公的亲弟弟，战后在春日大社任宫司一职多年。他收藏过的书画、陶艺品、茶勺等许多藏品至今都被嗜尚之人所追捧。

花是春日山附近的侘助山茶，搭配一枝短短的腊瓣木。茶花的红色在暗调的映衬下显得分外娇艳。

1　水谷川忠麿（1902—1961），号紫山，日本男爵、贵族院议员。

辛夷侘助山茶

老件民艺花筒

　　这件器物原来不知作为何用，偶尔用来插花也有些意趣。竹筒上涂了大漆，上部还有一个注水口，早先大概是个打酒用的容器吧，后来转用作花器。想必主人眼光不错，插过洒脱不拘一格的茶花。

　　这次插了辛夷和不知名的山茶花，没有特意准备，算是个信手拈来之作。

寒菖蒲

古赤肌 — 轮花钵

冬天居然会有菖蒲，人们都会觉得惊讶，但就在离家不远的院子里，有一种冬天开的寒菖蒲，一开就是一片，去要了两三枝来插花。

冬天花材少，颜色也单调，插上寒菖蒲，叶子高而舒展。和初夏时节盛开的菖蒲不同，寒菖蒲花小叶细，多了一份楚楚动人的样子。

1　古赤肌是奈良市五条町附近出产的陶器，也叫赤肌山烧荒、五条烧。陶土来自西边的五条山（赤肌山），土质发白，浅红色底挂灰白色釉，常施有京风彩绘。

猫柳卜伴山茶

老件须惠器

黝黑的老件花器,插了红色艳丽的卜伴山茶与猫柳。猫柳不是花店里常见的人工植培的那种,而是长在别院池塘畔的一株,也不记得是什么时候种了这样的树。

近几年在花店几乎见不到这样的品种了,早些年,走在河边还能看见一些,看见枝条上冒芽苞,就觉得春天不远了。

腊瓣木 白菊月山茶

备前德利 桃山时代[1]

这只德利花器是最近得到的。箱书上写着"古备前小芜德利 桃山时代之作""冈山备前烧陶友会 古备前鉴定委员会"的字样。烧结温度高,釉色苍劲,这次是第一次用它插花。

选了一枝重瓣的白菊月山茶,搭配了朋友松籁的一枝腊瓣木,喷上一点露水之后,顿时显得清丽动人,花器也仿佛有了一股清气。

---

[1] 桃山时代,又称织丰时代(1573—1603)。

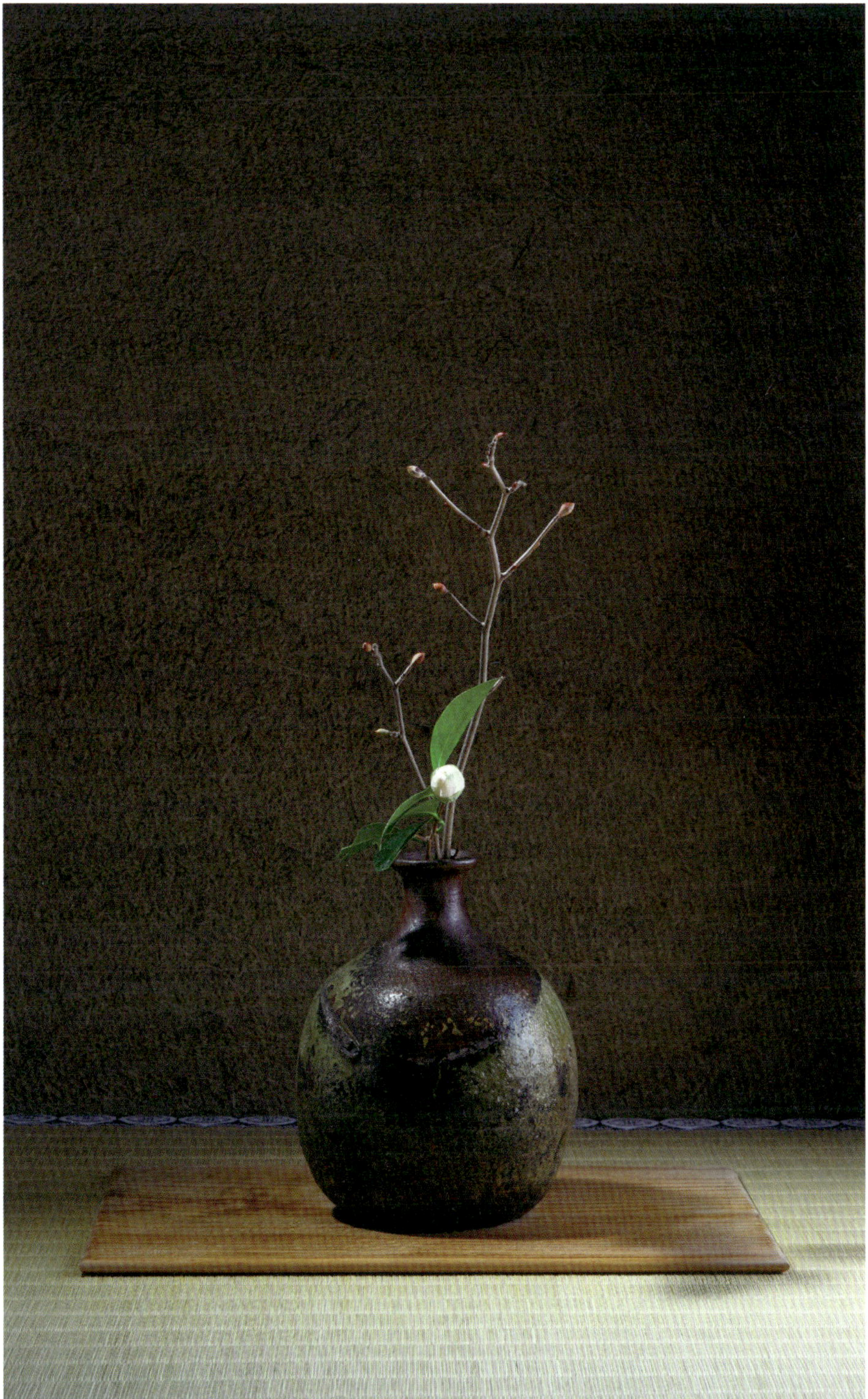

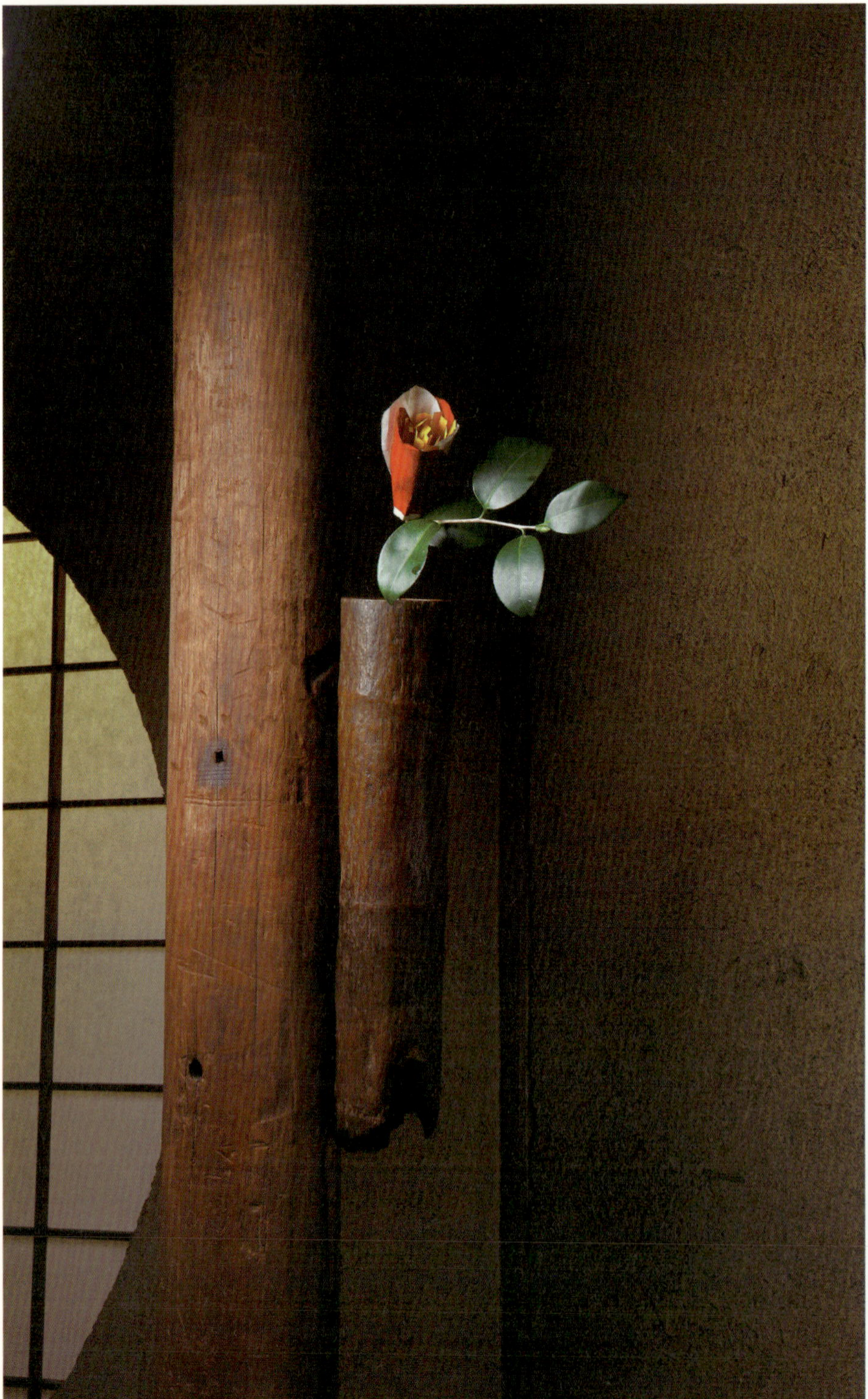

三月

二月堂修二会　纸茶花

老件竹筒花器

　　每年从三月一日开始东大寺二月堂会举行"御水取"的仪式，为供养十一面观音悔过法会，修行僧们会做一种红白的纸茶花。

　　从昭和三十年代开始，每年三月我总会去参加修二会，这是供养修行僧们的法会，现在已经成了习惯了。作为回报，他们会送我纸做的红白茶花，我将它插在茶树枝的鲜叶之间，以供佛陀。

　　这只老花器有一些年头了，带有古老的供箱。年纪越大越发喜爱这只花器，有一种经年的沧桑感，估计之后也会一直用下去。

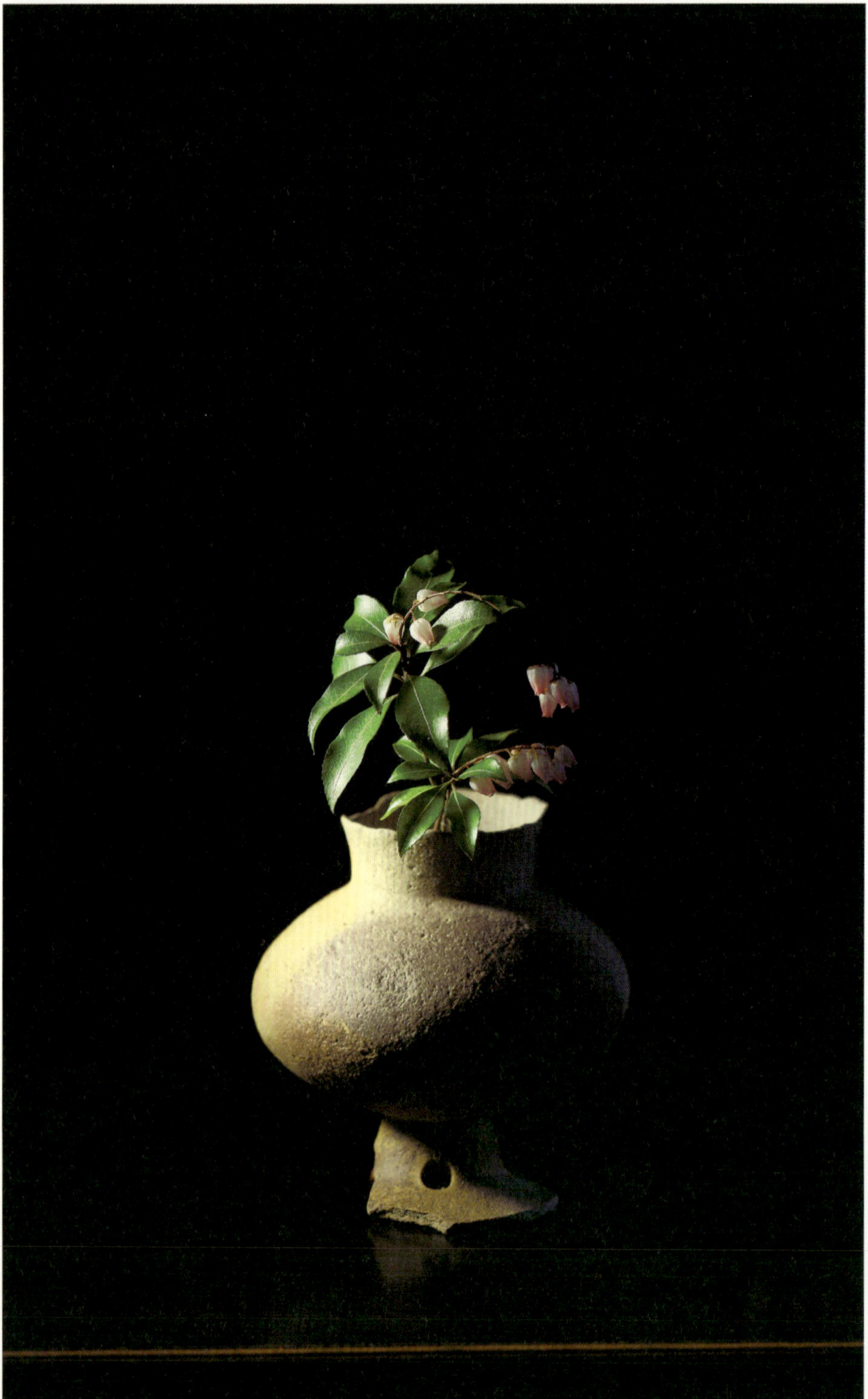

马醉木
弥生时代土罐

奈良公园里面有一大片马醉木的树林，鹿群不会过来吃它们，所以长得分外茂密。我在自家院子里也星星点点植了一些，开花的时候十分惹人喜爱。

在弥生时代的小土罐里信手插上一枝，便觉得满屋是春色了。

马醉木多见白花，这枝是淡淡的粉红色。

《万叶集》中，大伴家持有一首歌：

池中倒影闻花香
不禁采之入衣袖
马醉木之花

真是令人怜爱的花。

贝母花

砂张合金一轮花插

我非常喜爱贝母花,春色尚浅,望着刚刚鼓起的花苞,总是会翘首期待花开的日子。别院的贝母花,因为很少照料施肥,算是任其自然生长。和人工栽培的成串开花的贝母气质不同,别院的早春开出的贝母花,骨朵小,也长得比较稀。

花朵微微下垂,用在茶席之中,这种楚楚可怜的感觉再合适不过。

尤爱贝母低低垂　浅春庭前楚楚开
偶感　愚咏

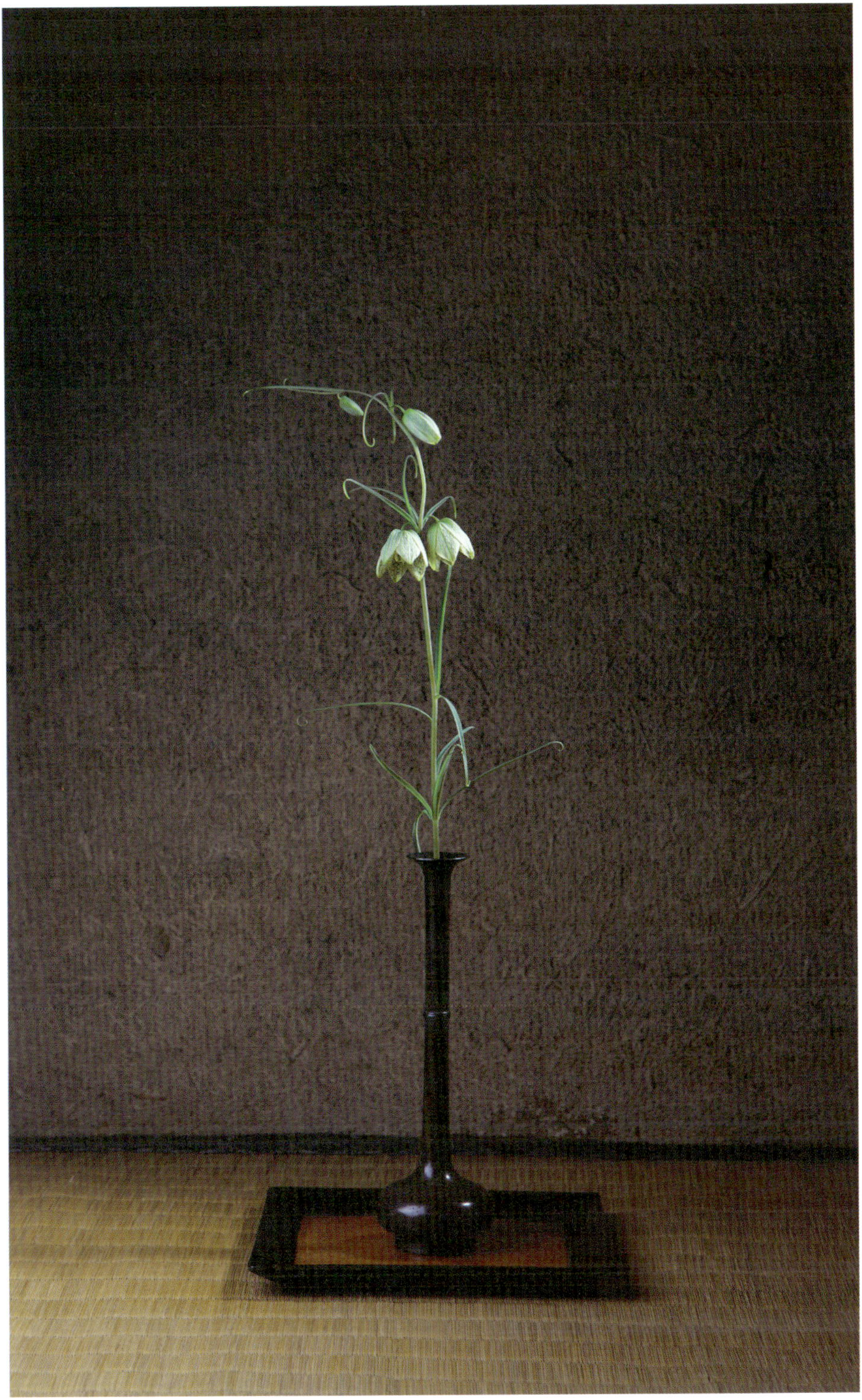

木通白山茶

挂板 法隆寺古材
濑户壁挂式花器

　　每个月都会去法莲山兴福院扫墓，归途中可以采些花花草草回家，不失为一件乐事。看见刚刚鼓起小花苞的木通，兴冲冲将它采回来，正好家中有少见的白山茶花。

　　木通枝干曲折，颇有野趣，也是我比较偏爱的一种花材。花开之后会结出大大的果实，也叫野木瓜。这种野木瓜籽十分多，却是小时候常常去采撷的野外甘味，现在回忆起来，却成了一种乡愁。

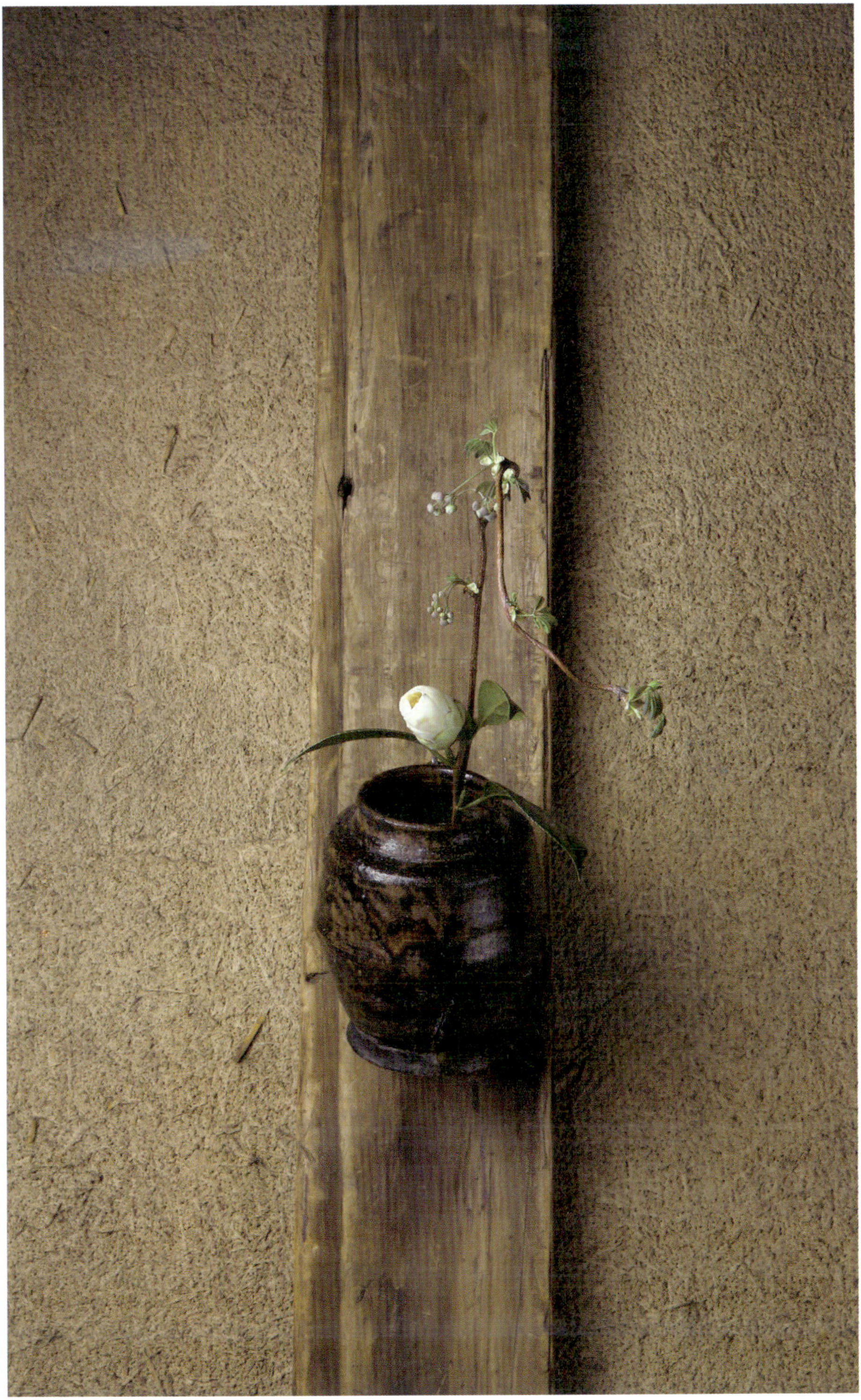

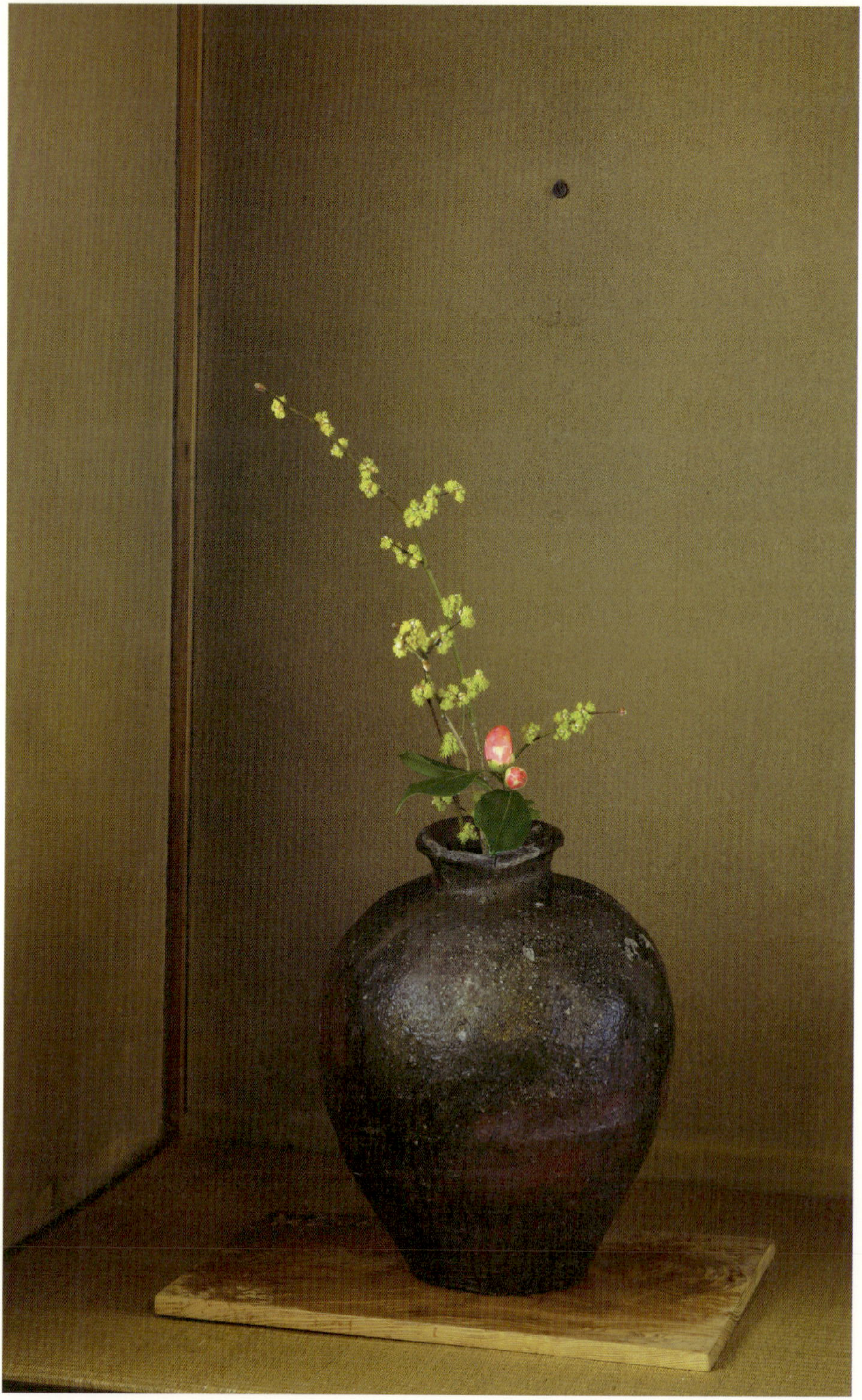

彩瓣茶花 檀香梅

信乐大坛

迎春的花大多是黄色的，如连翘、山茱萸、檀香梅等等。

每逢这个季节，住在奈良山里的朋友总会折一些花来送我，今年他送来了许多檀香梅。找了一个大花器来插它，添了一枝在别院剪的彩瓣茶花，彩瓣茶花在一株树上会长出不同绞色的茶花。

花应四季开放
花开人自心安
　　愚咏

正创作本书的原稿之时，惊闻东日本大震灾噩耗。

三月下旬，电视中正好报道了在地震中折倒的樱花应时开了花。自然是如此残酷，生命在自然破坏力面前瞬间灰飞烟灭，然而又有如此令人感恩垂泪的地方。即便被压倒在废墟中，依然绽放出花朵，这一瞬间，又让人如此怜惜。

春兰

山茶碗　平安时代[1]

浅春的别院庭前，总会有几只春兰顶着料峭春寒开出青涩的花朵。尽管叶子还将长得更加舒展，但这种尚未完全生发的春意却十分搭配朴素的不知名的老茶碗。

春兰的花可以用热水焯水之后，再撒一层薄盐存储备用。在茶会的等候席上，拿它来做香煎茶[2]，想必对到访的人们是个莫大的惊喜。

1　平安时代，日本古代的一个历史时期，794 — 1192 年。
2　香煎茶为非茶之茶，通常用炸过的玄米，时令的瓜果汁等来做一小杯水，供客人在等候茶会开始前品饮。

圣诞玫瑰 连翘

古代信乐花器

这只古代信乐花器的胎土泛红色，选了两种花来插作。因为花器口比较宽，固定花枝比较费工夫，暗红色的刚健土质映衬了圣诞玫瑰清丽的白色，而连翘的黄又是报春之色，就知道春天已经近在眼前了。

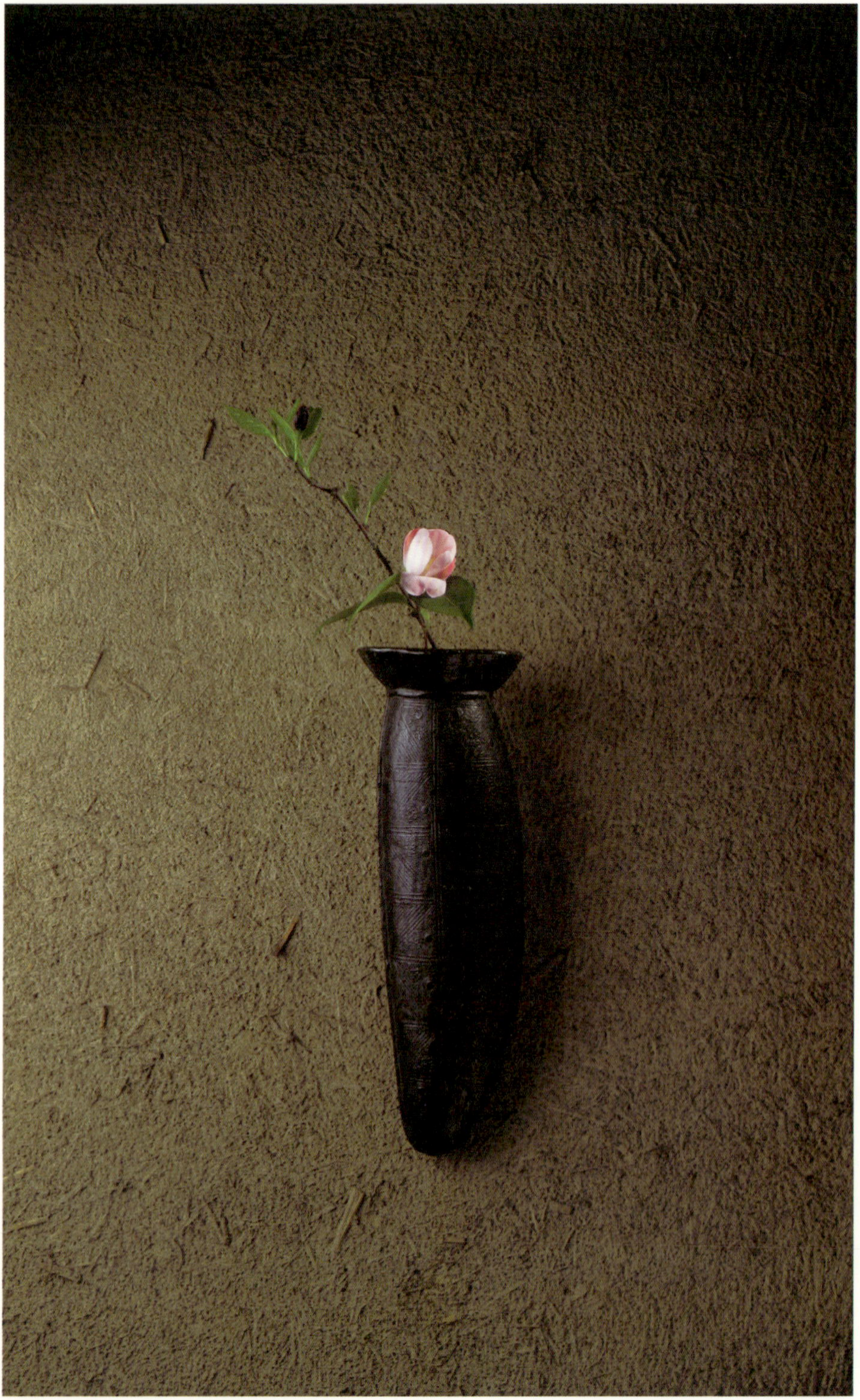

腊梅叶 衣通姬山茶

千利休所持　唐铜悬挂式花器　赤星家[1]传来

四月

这只花器是个稀罕物，我已经珍藏了许多年。原本是赤星家旧藏之物，箱书上写有"唐铜悬花入"，不知道原本是作为何物。作为花器，大概是千利休的想法，器身上有明显的几何图案纹样。

茶花季已经是尾声了，院子里还留了一两枝，搭配了一枝腊梅叶，看起来是个很清爽的插作。

---

[1] 赤星家，日本中世纪领主，以肥后国菊池郡为据点。

玉铃花
高山羊齿新芽

伊贺¹ 悬挂式花器　江户时代

玉铃花是早年在别院种植的。每到春天都盼着花开,可是一到四月底五月初的黄金周前后,一夜之间竞相开放,总是错过最好的采撷机会。

五月是茶道的初风炉季,各种花材中数白色的天女木兰最受珍视,但这个季节天气转暖,花开花落转瞬即逝,碰上开到恰到好处的花材实在是件难事。春已近尾声,季节的更迭和花开次第,都如同奔跑般地涌来,让人措手不及。

这一天,壁龛上的挂轴是木下长啸子胜俊[2]写的和歌:

今日作歌聊以寄情
　春深之时　忽见山巅山谷红一色
原是岩根杜鹃始盛开

1　伊贺,位于日本三重县,是中世纪起有名的古陶窑口之一。
2　木下胜俊(1569—1649),安土桃山时代至江户时代初期的武将,若狭小滨城的城主,也以歌人"木下长啸子"身份而闻名。

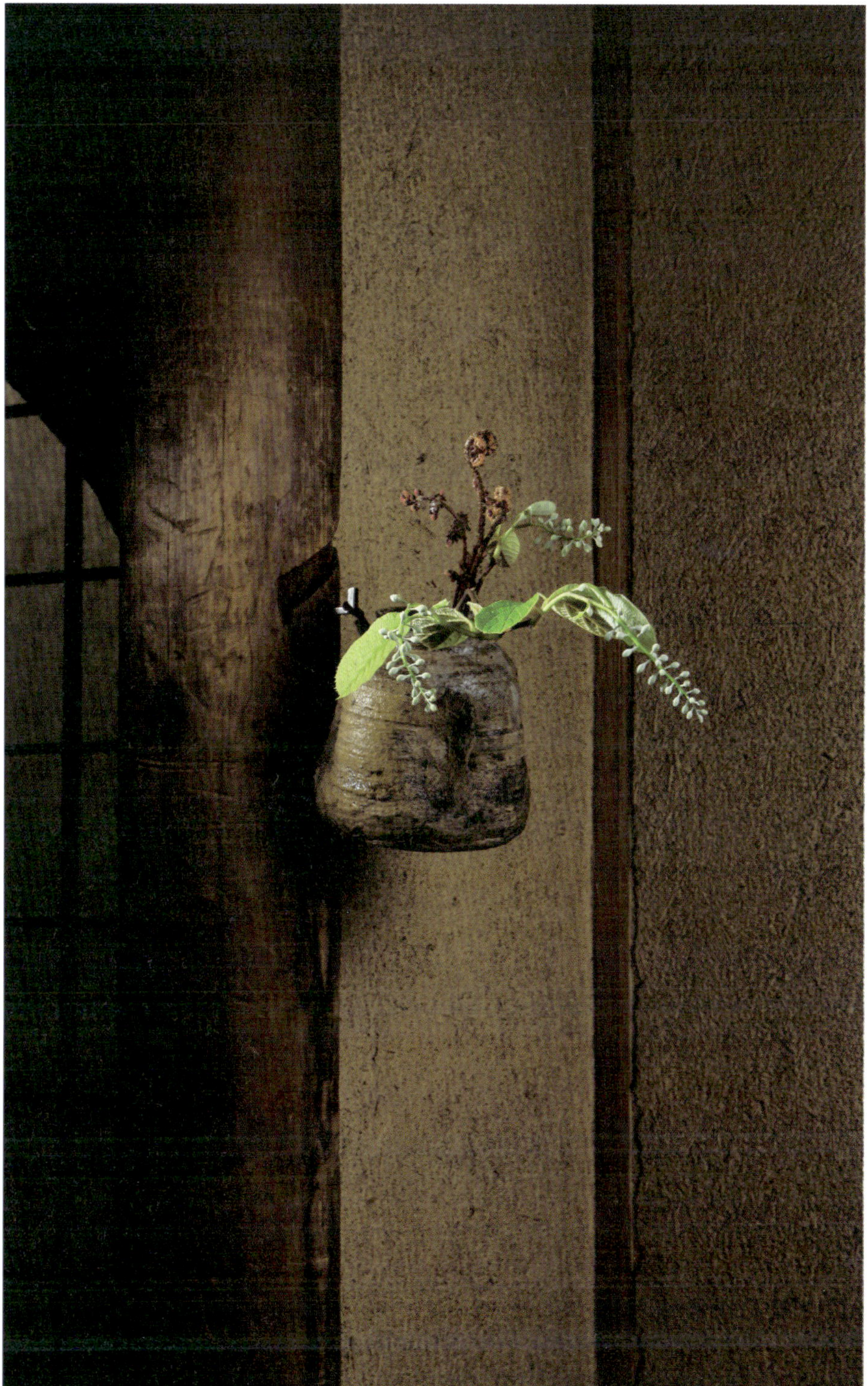

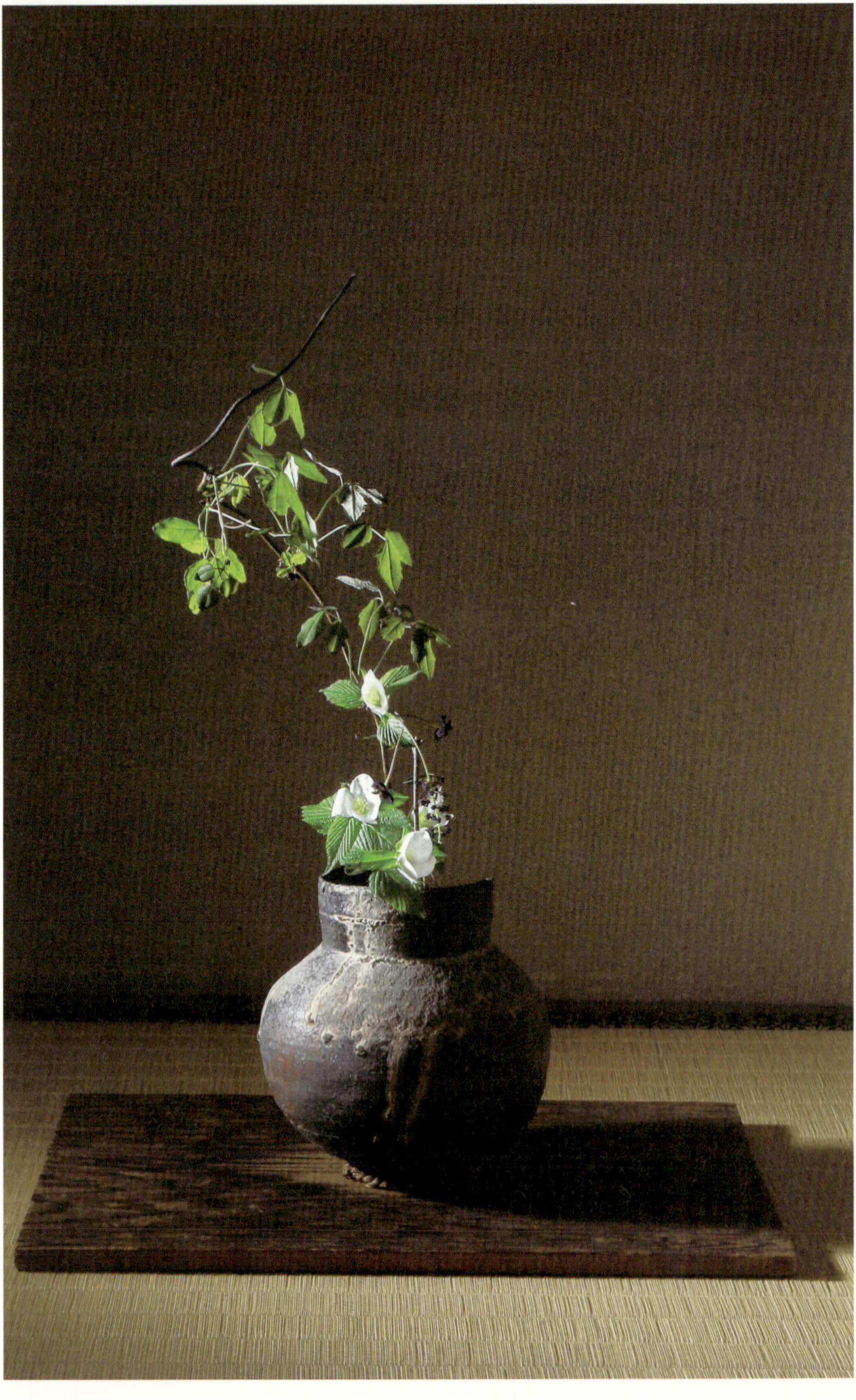

木通白花棣棠

须惠器

走在山坡斜面上，发现了缠藤开花的木通，挑选了枝条形状好的剪了回来。

朴素的须惠器和白花棣棠，充满山野之趣。名花奇花固然好，枝条旖旎，有着山里野趣的自然天成之美更是我的偏爱。这枝木通藤的小紫花，仔细看和一般常见的还不太一样，花梗长，花盘小，想必是野外天成的造化之美。

古来有"万绿丛中一点红"之说，这个插作可以说是万绿丛中一点白，白花棣棠明朗的花瓣，显露着春之高洁。

小花耧斗菜

小代烧 — 德利

我家的小花耧斗菜是买了盆栽的花之后移植在院子里的,长得繁茂,可以随心采摘。比起盆栽,移栽之后花的颜色变深了一点。

想起以前去瑞士旅行时,在马特洪峰所在的采尔马特镇附近也见过小花耧斗菜。瑞士海拔高,土地也没有日本那么肥沃,一些藤本植物的花簇就长得小而且颜色深,这是住在当地的人告诉我的。

1 小代是位于熊本县北部的窑口。旧时为城主细川藩的御用窑,"明治维新"后废窑,昭和之后由近重治太郎、城岛平次郎重建复兴。

宝铎草

须惠器　瓯

　　别院的一角长满了密密麻麻的宝铎草，连个落脚的地方都没有。好像这个地方的土壤特别适合宝铎草生长，年年越长越多。

　　信手剪下一枝，插上就自然有姿态。

铃儿草

信乐钓香炉　江户时代

唐铜合金的香炉不少，像这种可以悬挂的陶制钓香炉却不多见。这只香炉其实还带有一个盖子，焚香时香气会从盖子的镂空处熏出，盖子背面还有曾经的烟熏痕迹。

第一次看见它的时候马上想到可以用来插花，于是插了铃儿草，一枝就足够了。

蔓长春花
棣棠

信乐悬挂式花器

　　悬挂在起居室的壁龛柱子上，也不知道花器的作者是谁，却是十分百搭好用。选的花也是这个时节遍野都是的黄花棣棠，还有家家户户门口都会种上一盆的蔓长春花。每天都会更换起居室、佛龛和店里壁龛上的花，这是每日必不可少的工作。每次给花剪枝、换水时，花变得干净清爽了，我自己也觉得心神怡然。

　　花是有生命的，于花，最重要的也是爱惜。

赏春——一碗清茶的款待

我的茶室"洗云亭"坐落在平城宫遗址之背，佐纪古坟群落的后面，那里曾是圣武天皇的离宫松林苑的一隅，我在那里建了别院。

家父早年购买了代代在奈良三条大街经营油屋的岛田平右卫门的旧宅邸，和岳父一起，于昭和四十三年（1968）移筑了凝聚几代人精粹的茶室。茶室的匾额常年风餐露宿，已经快看不清写着什么了，那是建仁寺竹田默雷禅师命名的。

这一区是特别风景区，依照古都保护法，没有商业建筑，人烟稀少。这里有时举行茶会，也会作为插画作品的拍摄场地使用。每到这里，都有许多关于家父和岳父的回忆，算是一块供我自娱自乐自想念的三分地。奈良古都，是村田珠光出家的寺院所在地，也是松屋三代大茶人、长暗堂利世公长住之地，古来茶人辈出，遗爱散落各地，在此举行茶会总是会多一份追思。三月某日，春在枝头，邀三五好友促成赏春一会。

和果子　春霞

　　用新鲜百合调和白豆沙做的茶点，奈良老铺栎舍制。

　　器皿是春兰之绘，桃山时代的绘志野烧。

待客间　落花椿之绘

　　画赞是水谷川忠麿公最初担任春日大社宫司一职时所题，他书法、陶艺、竹艺样样精通。现在我还存有不少忠麿公手制的茶勺。茶人之间互相馈赠交流也多，春日大社寿月会的百回茶会记中还存有记录。画是伊东陶山所作，那是紫山公去做陶时交好的京都陶艺家。

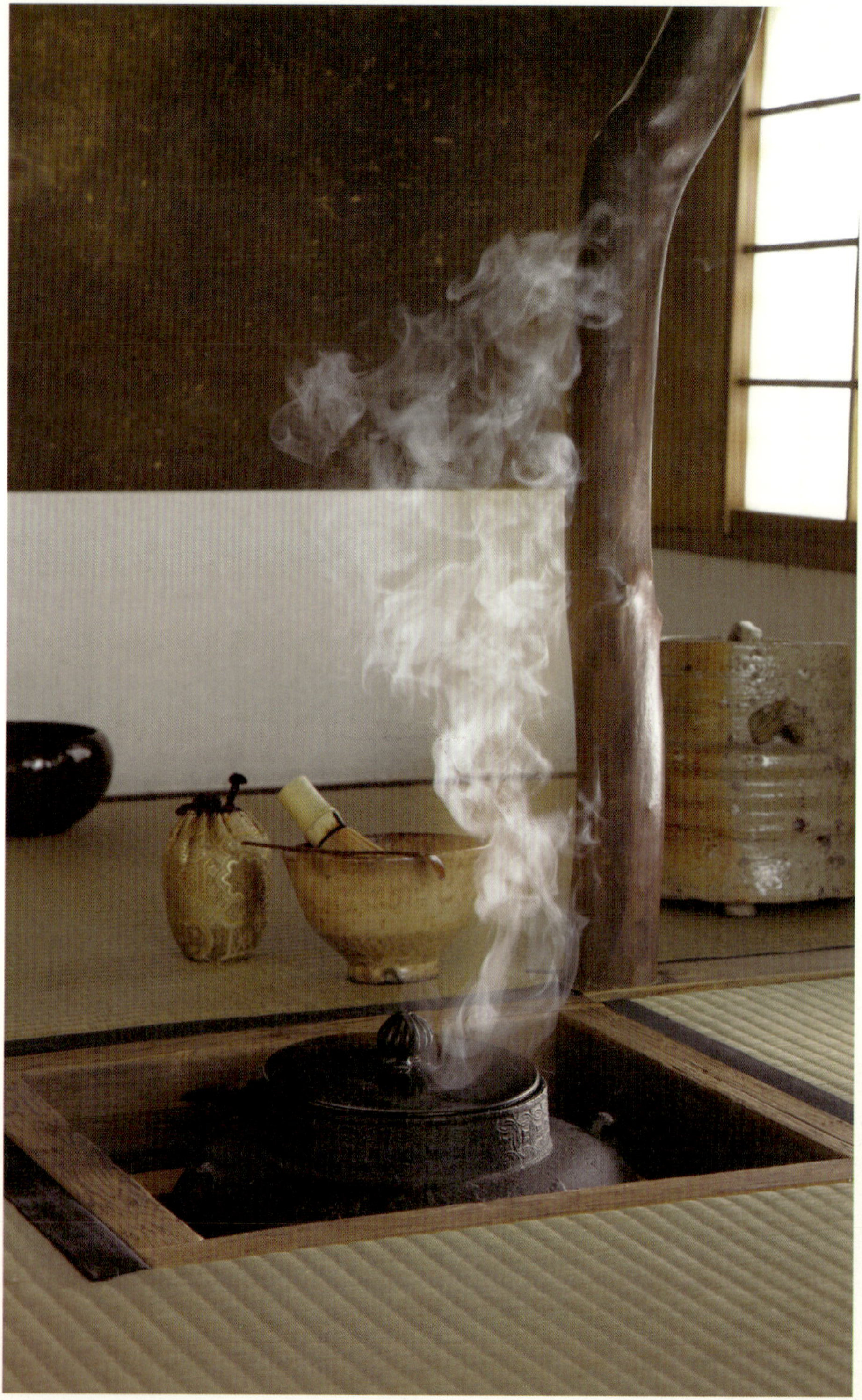

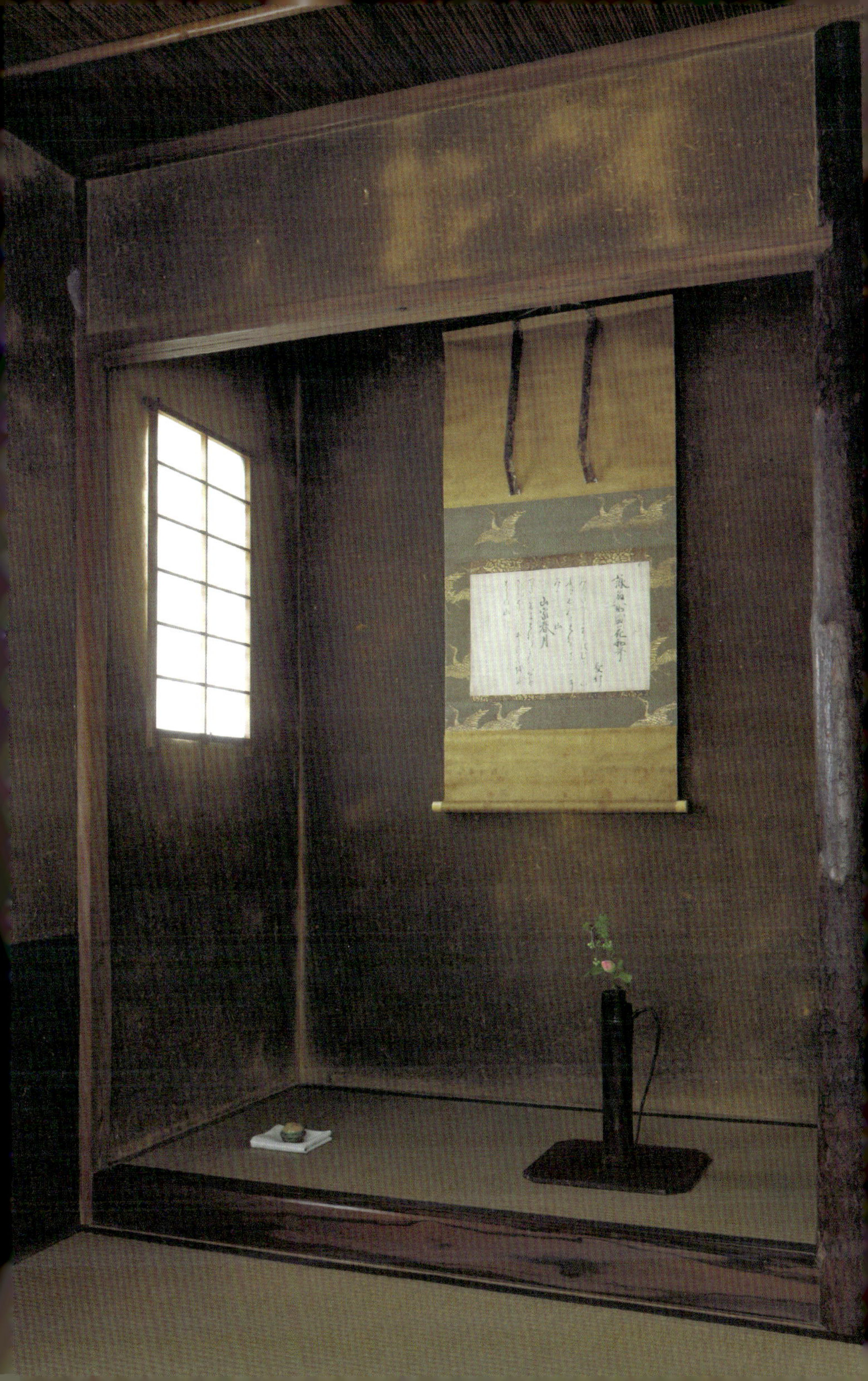

茶席壁龛　春日怀纸　圣什书

镰仓时代　加贺前田家传来

这幅春日怀纸，我是在昭和四十年代初第一次看见。真是不错的和歌啊！一直内心感叹。它被称为镰仓时代（1185 — 1333）三大怀纸之一，熊野怀纸和一品经怀纸委实高不可攀，而这春日怀纸想想还是有些机缘，所以总是不能忘怀。

终于因缘和合，得以入手。装帧如何上品自不必言说，几次茶会都将它挂在茶室壁龛上，除了传承有序的写有"前田家传来"之外，关于怀纸的书籍中，还有这样的吟咏：

咏名所盛花和歌
　　　　　　圣什

昔日深雪绵绵
恍然花开遍野

深吉野山　山家春月

月影花香　思念何来
春之山里

这两首用来吟咏春天的佐纪山再合适不过了。不过《万叶集》中也有不少吟咏佐纪山之春的和歌。

詠名所風花和歌

花をしたふあらしも小
ふく山

山家春月

つきをまとふおほえ
やましろかくれぬ
そらの山けり

聖行

香盒　交趾烧[1]　黄鹿
垫板　根来漆艺
花器　春日大社油壶
花　粉山茶　木通

今日龛中的装饰独特，是只有奈良风土才会孕育的道具组合。用作花器的油壶是雕刻家山崎朝云的旧藏，油壶原本是春日大社中代代用来添灯油用的，深得松永耳庵等大茶人的喜爱，我也留心收了几只，无论是造型还是色泽，都是极好的花器。交趾的香盒也是从春日怀纸之处所得，盒盖上的黄鹿造型就像是为奈良定制的一样。

1　交趾烧是由中国南方传入的一种制陶技艺，源自唐三彩，是一种低温彩釉软陶。

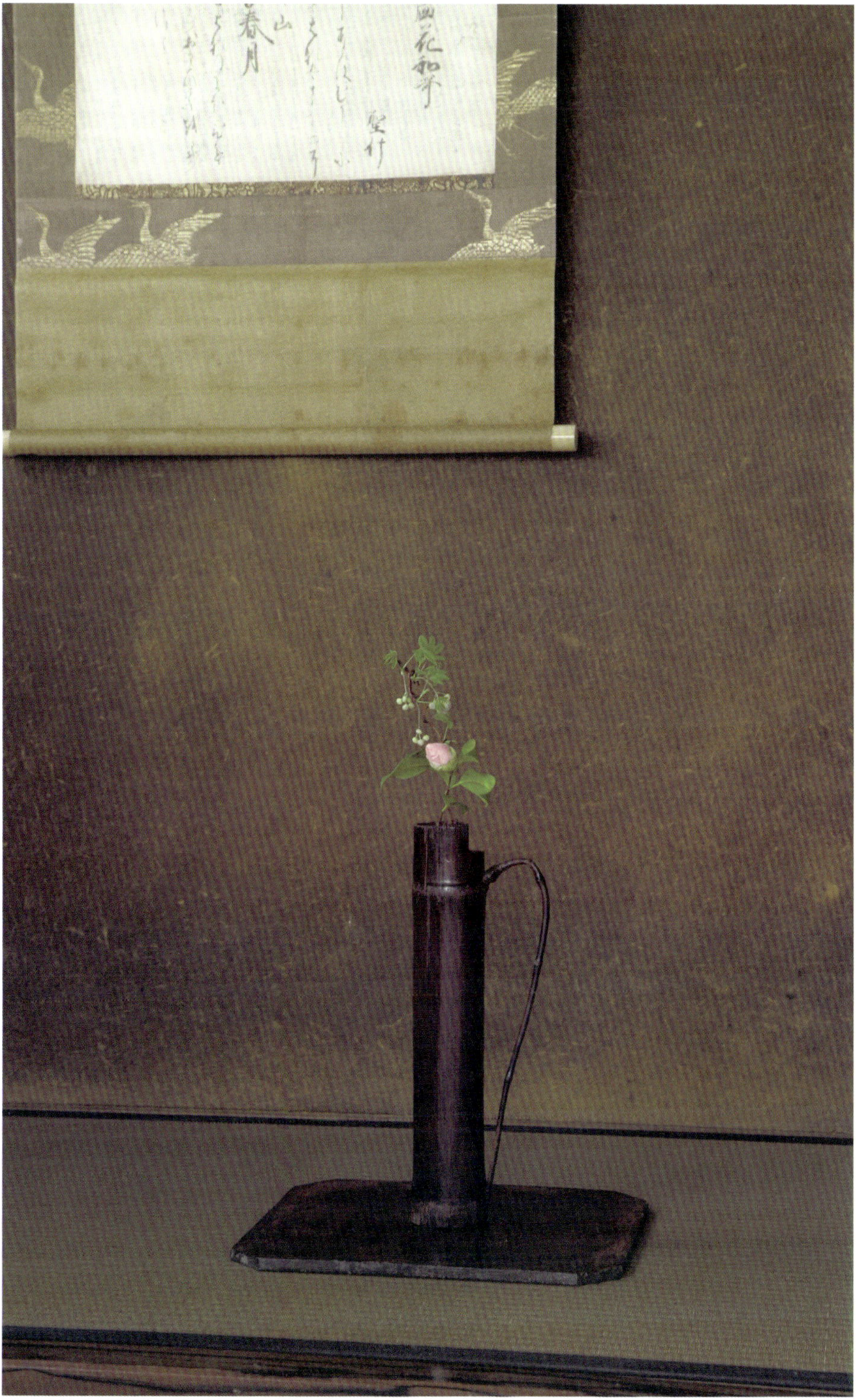

炉缘　海龙王寺古材

釜　古芦屋　松梅底纹

　　这是旧藏的茶釜，梅花的底纹正好应了梅占花魁春之首。海龙王寺位于平城宫的一隅，也叫隅寺。奈良时代人们在这个寺院为出行航海的遣唐使祈福，现在这里还存有国宝——奈良时代的小塔一座，正好离别院不远。

水指　美浓伊贺烧　桃山时代

　　这只水指在我家已经用了多年，每每看见它，常会想起松永耳庵翁和河濑无穷亭翁说过的话："无须把釉色好看的一面展示给客人，不仅仅水指是这样，其他的茶道具也大多如此。"年轻的时候听他们这么说，心存疑问，但随着年岁的增长，仿佛能比以前更明白一点他们想要表达的。邀请客人来品茶的待客之心，不掺杂任何自我满足的炫耀，真正的谦虚才让客人觉得温暖。这只水指就没有太耀眼的釉色，我是到了这个年纪越发体会它谦虚美好的一面。

茶器　櫻花肩冲　後正信春慶作

小堀權十郎政尹　箱書

我也收藏了幾只茶器，但茶器的銘正好應季的卻不多。唯獨這只櫻花肩冲，用在此時再合適不過了。不久櫻花就要開了吧，當人們開始期盼花開的日子，這只茶器在茶席中登場就有了特殊的意趣。

茶勺　长暗堂作　铭『春日大明神』供筒

长暗堂、久保权大辅利世公因《长暗堂记》而闻名于世。他依据鸭长明《方丈记》中的描述建了七尺四方的小堂做茶室。据说长暗堂这个名字是小堀远州所起，他的墓在法莲町的兴福院，每年都会举行追思的茶会，我也曾三次在那里悬茶釜举办茶会。供箱上有奈良的大茶人中村雅真翁所题："自长暗堂末裔中垣利之翁处传来珍藏。"外箱上有："春日大社　花山院亲忠先先代宫司。"长暗堂曾居住在离我家不远的春日野，就是现在奈良县新公会堂绿地边的旧野田乡。茶勺铭为"春日大明神"，是一件不可多得的宝贝。

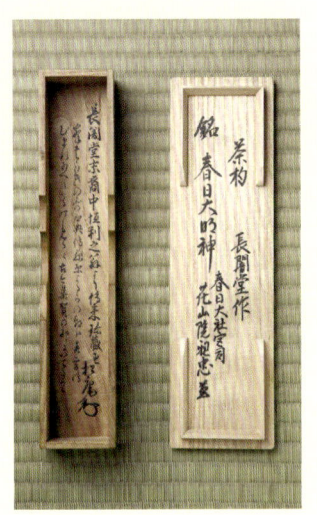

茶碗 古萩烧 远州作 铭『若菜』

　　这只古萩烧的茶碗是内人的茶道老师岗美和先生从河濑无穷亭翁那里得来的，珍藏多年。去先生家喝茶，他经常会拿这只碗出来用，先生过世之后，他的遗属将这只碗赠送予我们，作为对先生的怀念。我和内人都十分珍爱，它不仅仅是碗中佳品，更有与先生多年交往的回忆。

　　茶碗铭为"若菜"。我一直想，什么时候秋天举办茶会，也可以用一下。

会记

果子器　志野烧　春兰之绘
果子　春霞　栎舍作
茶　万风之昔　祇园辻利
建水　砂张合金　铁钵形
盖置　须惠器器台
茶碗　古萩烧　铭『若菜』　小堀远州箱书
茶勺　长暗堂供筒　铭『春日大明神』
樱花肩冲　后正信春庆作
炉缘　海龙王寺古材
釜　古芦屋　松梅底纹
香盒　交趾烧　黄鹿
花器　春日大社油壶　山崎朝云　旧藏
花　粉山茶　木通
　　名所盛花　二首怀纸
畚　春日怀纸　圣什书
本席　
待客间　伊东陶山作　落花椿之绘
　　　　水谷川忠麿　画赞

如花在野
——初夏的色彩

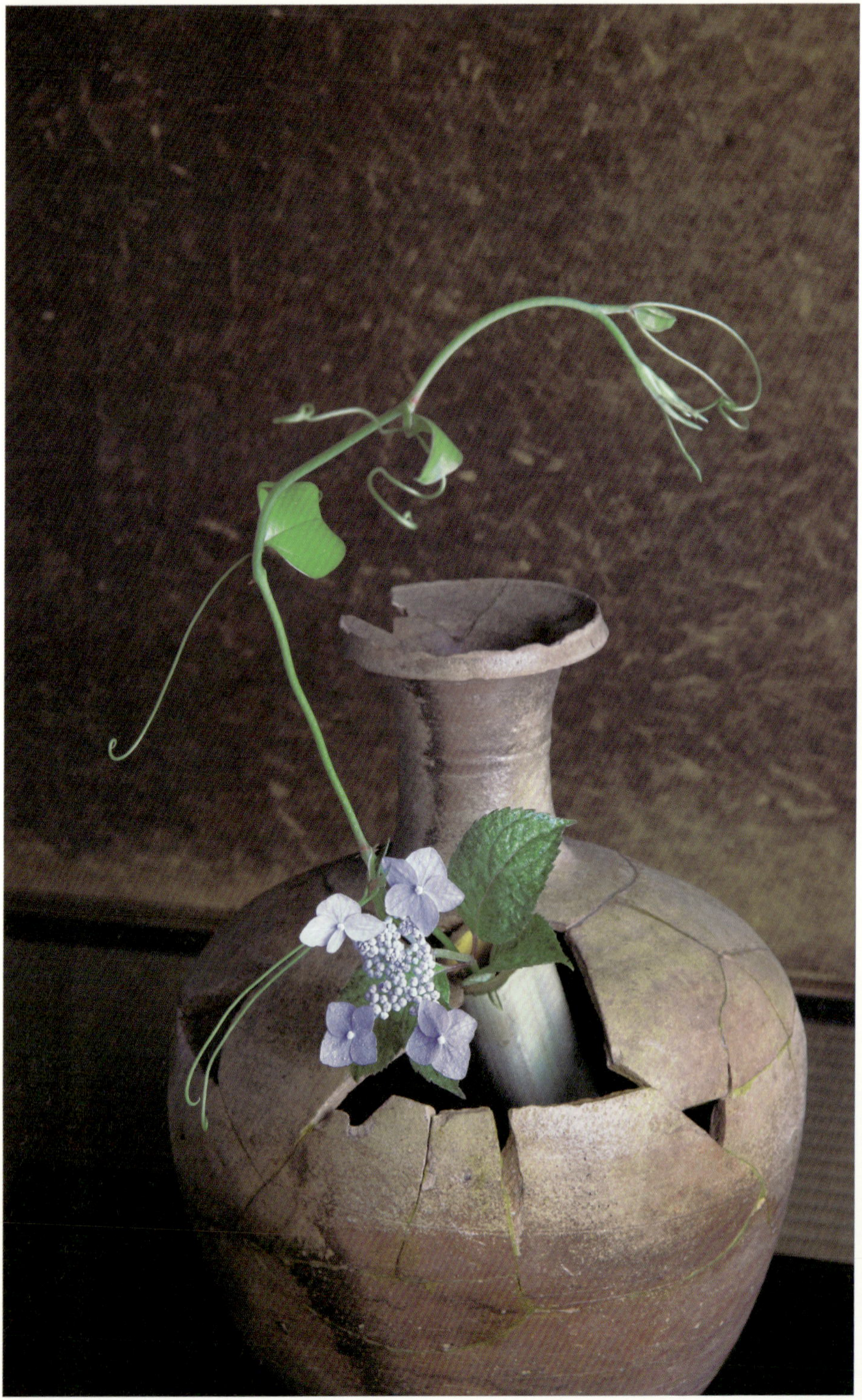

五月

山归来 小种紫阳花

猿投窑水瓶　奈良时代

插花用的须惠器来自爱知县的猿投古窑[1]。平城宫遗址资料馆里也有一只类似这样的水瓶，在奈良时代，许多猿投窑的器皿都会运来奈良的平城宫。我这只水瓶就是在别院北边的平城宫北部丘陵地带出土的，残破的外形掩饰不住原本丰满的轮廓，那想必是太平有象的时代之象征，所以我一直珍藏着把它当作花器来使用。它有着完整器型所没有的沧桑感，秋天的时候采下山的红色果实，附上几根秋草，愈能感受到一种秋色薄暮之美。

1　猿投古窑，从爱知县名古屋市东部至丰田市西部、濑户市南部、大府市及刈谷市北部的古窑遗址，从古坟时代至镰仓时期共持续700年有余。

虎耳草

德利　辻村唯作

很久以前，村落的石垣边上有成片的虎耳草盛开，开着很不起眼的小花，大概是小时候看习惯了，许久不见就会想念。

花器是有一次和内人一起去参观陶艺家辻村史朗的工坊发现的，是史朗先生的儿子辻村唯的作品。在烧窑时不小心沾上了别的器皿的外釉，非刻意为之，却酷似有奈良山中水间的景象，内人珍爱有加。

木蓝

常滑大坛　镰仓时代

花器的口沿有个大缺口，去院子里剪下一大枝刚开的木蓝，插进去的那一刻觉得姿态正好！恰好在缺口处停住了，"如花在野"，说的大概就是像这样还原它在树上开放的姿态，思考器皿与花枝之间的平衡。这个平衡点被偶然发现的瞬间，对于像我这样的古美术商来说，是莫大的喜悦，总有一些花对一个器皿是恰到好处，毫无造作。

含笑

老件竹一重切花器　铭『若草』

茶室庭院的一隅飘来一阵含笑的馨香，一种让人觉得温暖而甜美的香气。含笑也叫招灵木，据说它的香气可以让神灵驻足，花期也长，开败之后花瓣会片片吹落，也是我偏爱的一种花。

紫露草
鼠刺

老件竹尺八花器　铭『小男』

　　一件有些年头的竹尺八花器。信手采来的两种小野花，将它插挂在壁龛上，仿佛没有什么特别可取之处，却感到几分难得的闲静。

菖蒲

赤肌窑 仿备前窑火绳纹 奥田木白作

菖蒲是别院水畔生长的，初夏时节刚刚鼓起花苞，修长的叶子迎风摆动，用在"熏风自南来"的初夏风炉茶席中再合适不过了。

我的别院在佐纪盾列古坟群的北部，在奈良时代是圣武天皇的离宫松林苑所在之地。《万叶集》中就有不少吟咏菖蒲的佳句，望着古坟群遗址水渠边亭亭开放的菖蒲，在隐约显露的紫色中，仿佛能听见旧时宫中人的叹息。

这样的光景，是如此、如此的美丽。

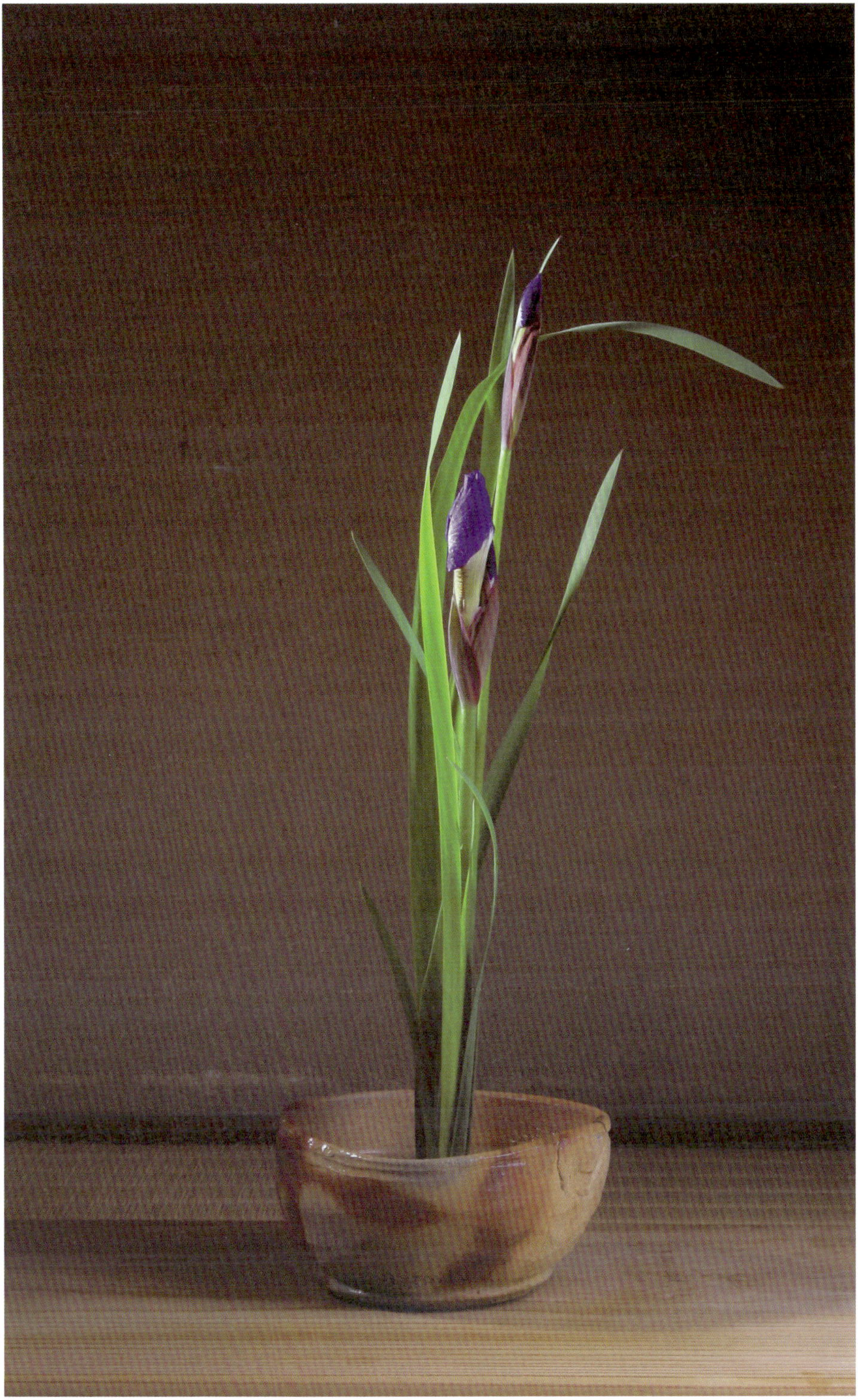

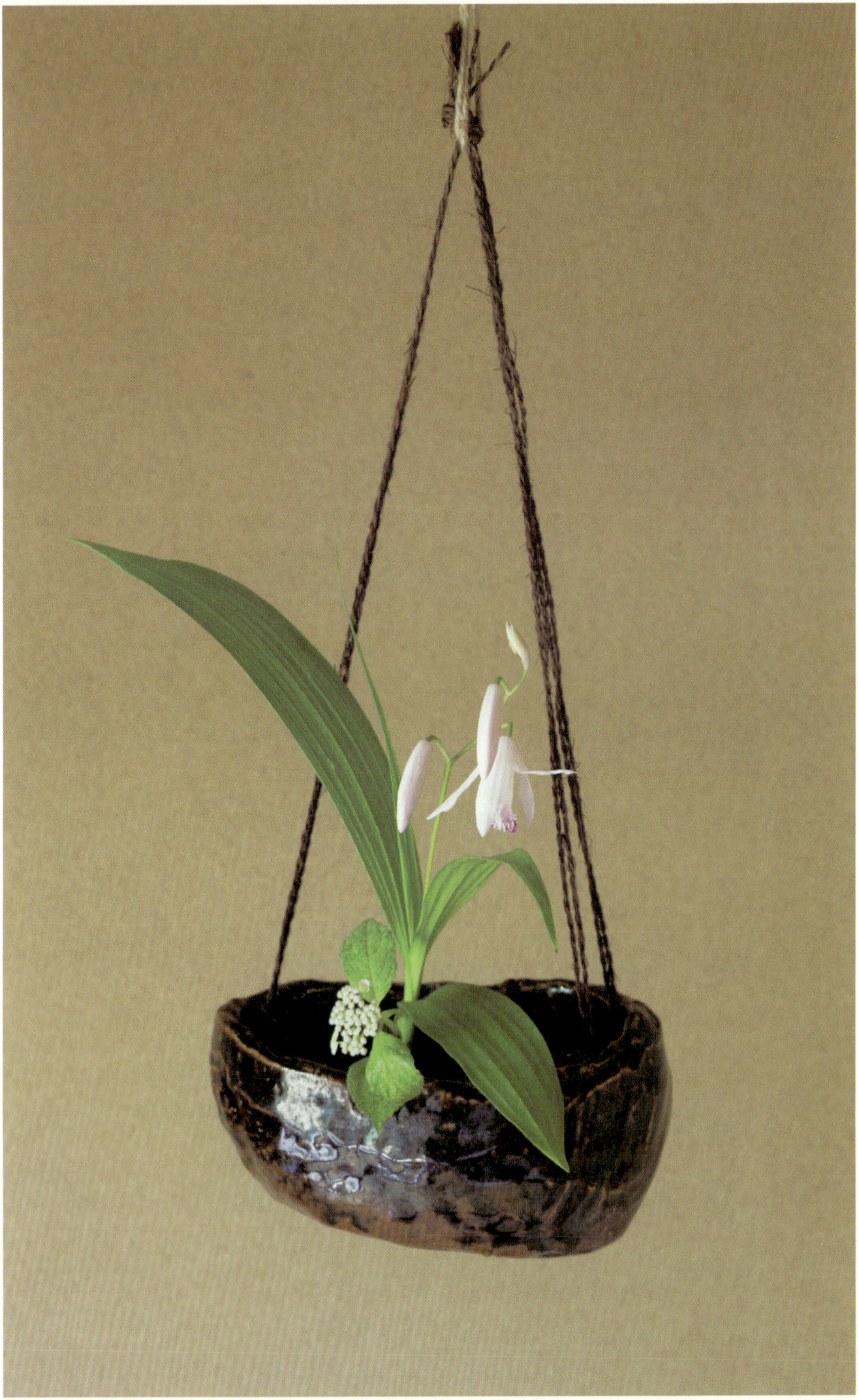

小种紫阳花 白芨（俗名：紫兰）

古濑户钓舟[1]

儿子来店的途中采来的紫兰，白色的小花苞在微暗的茶室里显得分外地宁静而明亮。

给它搭配了一枝小小的山紫阳花，还是白色的米粒状硬花苞。

这只钓舟花器以前是藤蔓的挂绳，用得久了就断了，后来找来一根比较细的蕨绳，自己把它修了修，又可以悬挂起来插花了。

---

[1] 钓舟指钓船形状的花插，多用铜、铅、锡合金制成。

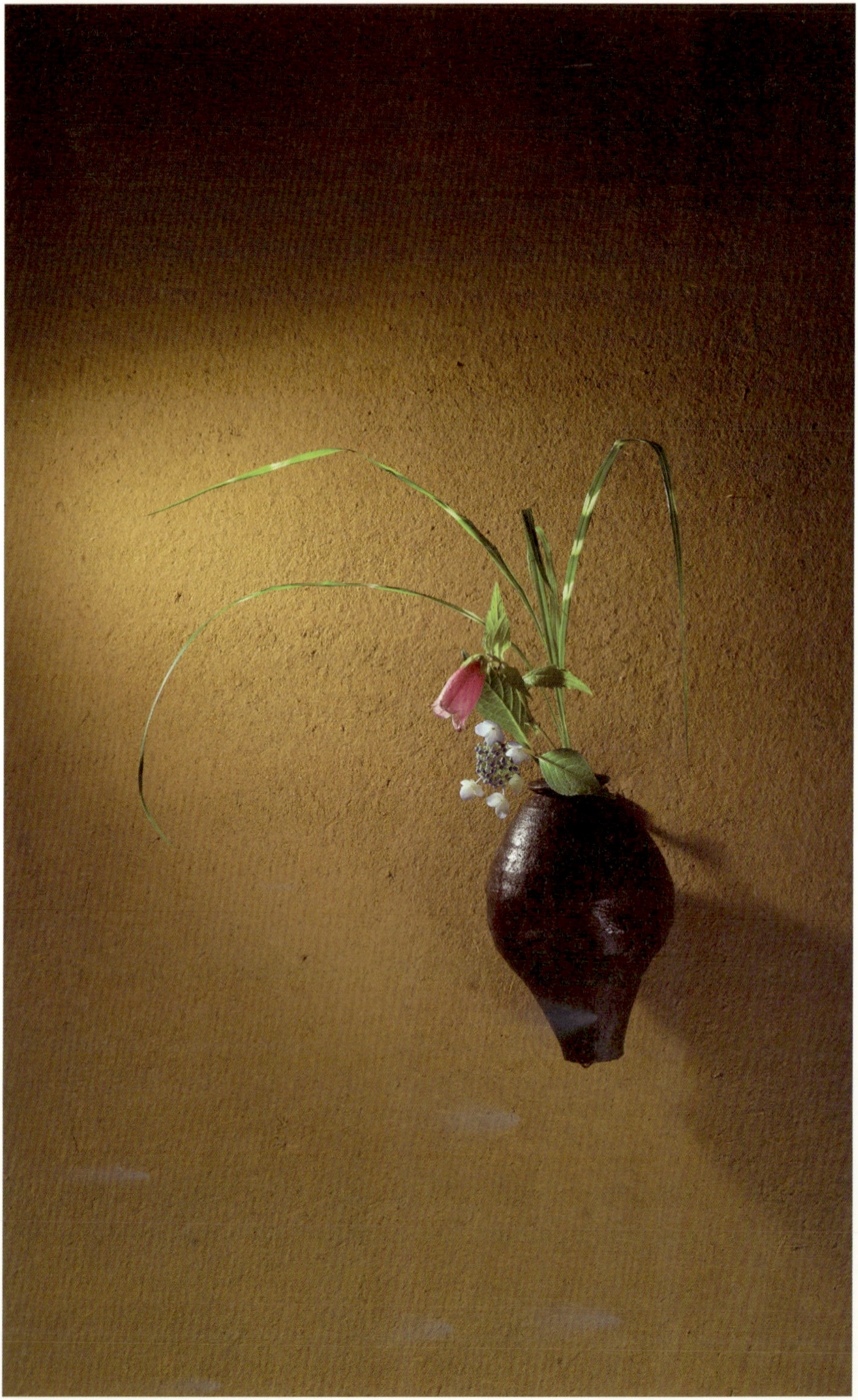

六月

甘茶绣球花　风铃草　芒草

南蛮粽子形悬壁花器

　　紫阳花也叫绣球花，是梅雨季节中最幻化、最多姿多彩的角色。这当中最我偏爱甘茶绣球，剪了一枝，和粉花风铃草、斑纹芒草插在一起，颜色十分明快。甘茶绣球之所以得名，是因为叶子干了之后会变甜，古来就将它作为药用，备受珍爱。

　　花器是粽子的形状。早些年这样的南蛮花器很多，近年却越来越少了。其实越来越少的也不仅仅只是花器，好多老物件都渐渐离我们远去。

　　这还是三儿子的妻子娘家的亲戚，终于愿意放手出让给我的。花器保存在一个古朴的供箱里，想必是代代备受喜爱，今天将它清理了一番第一次在家中使用。花器就是花器，只有在使用时才会显得熠熠生辉。

睡莲

常滑窑片口

　　院子的池面上睡莲花开，不禁让人联想起莫奈的花园和他的睡莲。水莲早晨开花，到下午就花苞紧闭，所以才叫睡莲吧。冬天的池塘，花叶皆萎，能看见大片的水面，夏天一来一池的碧绿，只见花叶，分不清哪里是池塘哪里是泥地。

　　夏天的时候举办早晨的茶事，接满满一盆水，浮上三两枝睡莲，让到来的客人感受清凉夏意。可惜为此书出版的拍摄是在下午，睡莲早早地紧闭花苞，无力让它盛开，实在遗憾。

山紫阳花　小蓟草

砣花篓　池田瓢阿作

这只花篓是平成十九年（2007）三月，池田瓢阿先生在创作《近代的茶勺》一书，来采集照片时赠与我的作品。日后先生又寄来了供箱、付了箱书。那一天的拍摄和先生的深情厚谊都是我特别珍贵的回忆。

别院附近的山道，还都是古坟群的遗迹，瓦砾间开着一团团簇拥的紫阳花。

　　佐纪山道烟雨　遥看紫阳花开
　　不知今夕何夕
　　　　　　　　　　　愚咏

山道两旁，人烟稀少，十分闲静。

风铃草
悬铃柳

青瓷尊式花器 中国明代

　　如此端庄贵重的花器，本该插上优雅大方的花才搭配，但这样的插法大概大家也都会。我偏爱用草花，手边又正好有在佐保山边采到的悬铃柳，这种植物叶子细细的，像柳叶而得名。家中院子里还有一枝在雨中低低开放着的风铃草，马上要过季了。梅雨中浮生闲寂，聊以借花寄情。

随意草 河原石竹

老件 备前窑游环花器

不止是随意草，最近人工植培的花大概因花肥的缘故，都成长得硕大，对于茶室插花来说，失去了好多自然意趣。好不容易发现一枝野外自然生长的随意草，花叶都小小的，是从前的样子。配上一枝河原石竹，两种花都显得轻快，从前河原石竹在附近的山道旁也很多见。

花器是岳父的珍藏，偶尔也拿出来用一用。

合叶子
马棘
须惠器

马棘这个名字的由来，大概是因为它的茎十分有韧性，可以用来勒马。还有一说是因为它是豆科植物，马儿爱吃它的叶子而会驻足留下。它开着红红的小花，在夏天山野的绿丛中乍一看像秋天的胡枝子，这也是我特别偏爱的一种花。

将它插在朴素的须惠器中，在根部添了一枝白色的合叶子。奇花异草固然有它们的美，像这样充满山中野趣的插花在如今茶席中却不多见了。茶席的主人要亲自跑去山中才能寻见，反而是更来之不易。

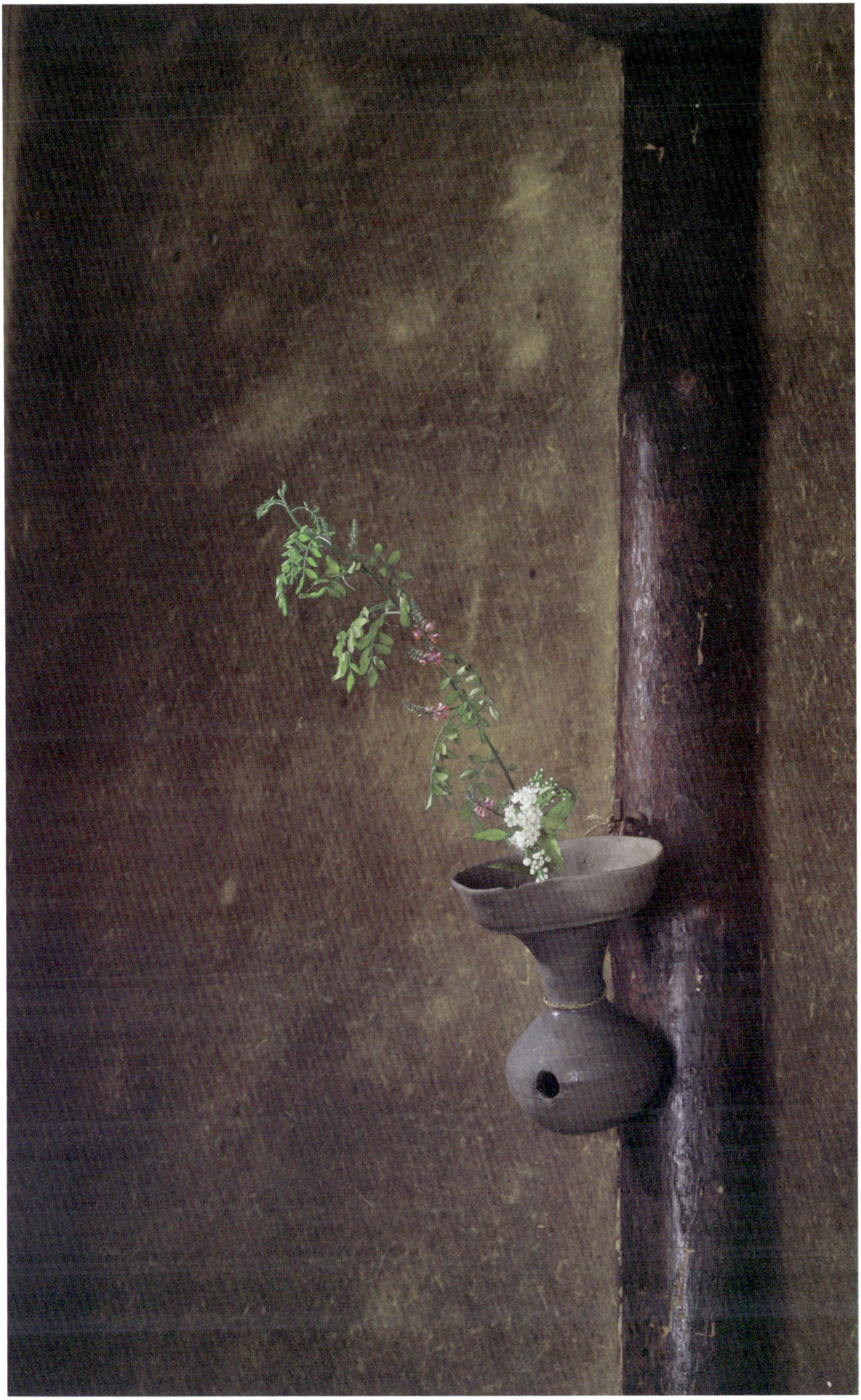

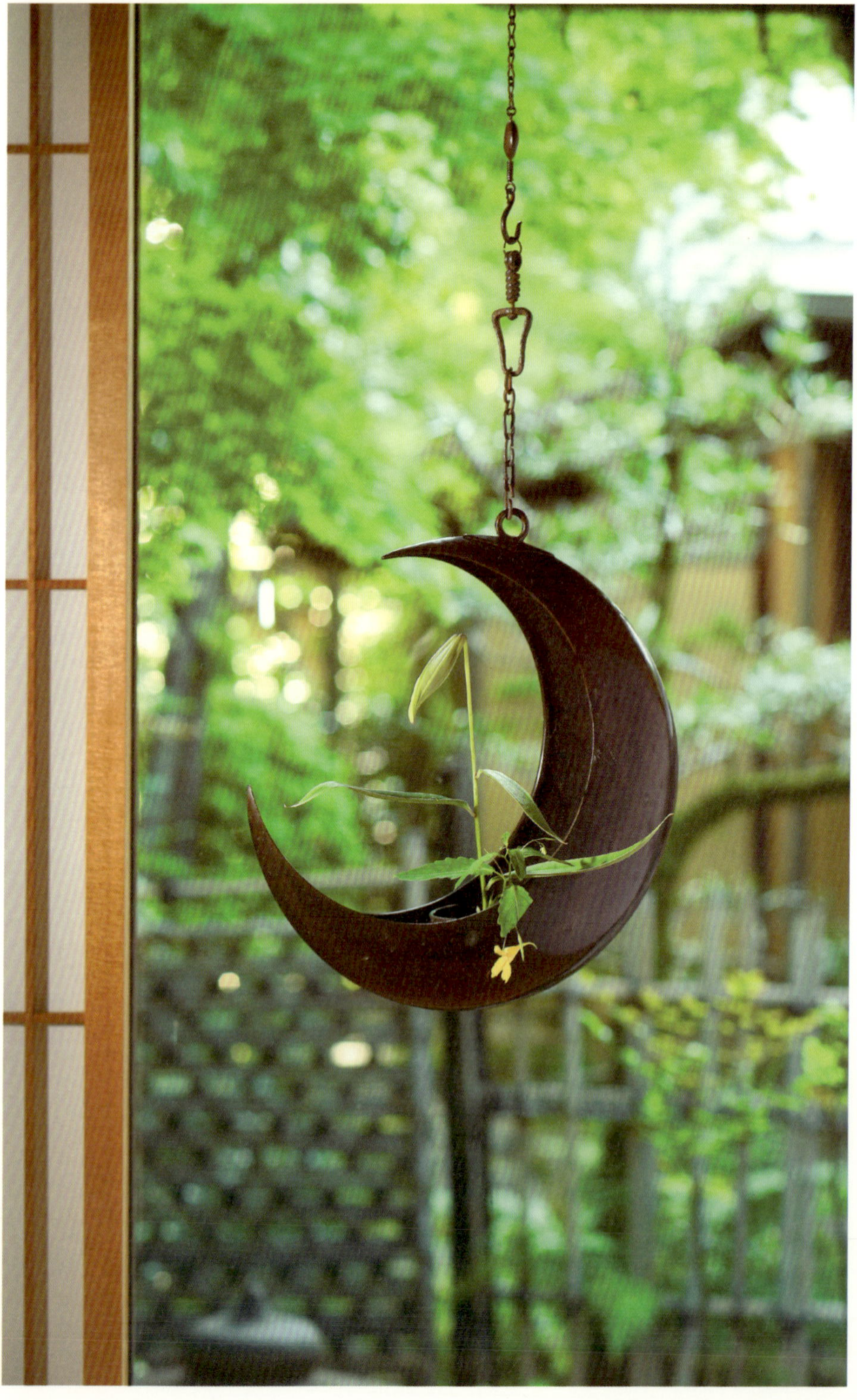

姬百合 水金凤

三日月形铜钓舟花器

这枝姬百合是住在奈良高圆山麓的亲戚特地送来的。姬百合也是一样，近年自然生长的小朵的不多见，所以小心地把它藏到拍摄日。这个三日月的钓舟花器入手也很久了，和今天的花大小正好合适。

樱井市的大神神社供奉着三日月神，它的下院神社叫率川神社，每年六月十七日会举行百合花祭，也叫三枝祭，在当地算是比较有名的活动。每年百合花祭一结束，就快出梅了，等待着我们的是炎炎夏日的到来。

为了寻花,夫妻二人经常会在奈良的山野间散步,平缓的山谷,走在群绿的包围中,十分怡然。

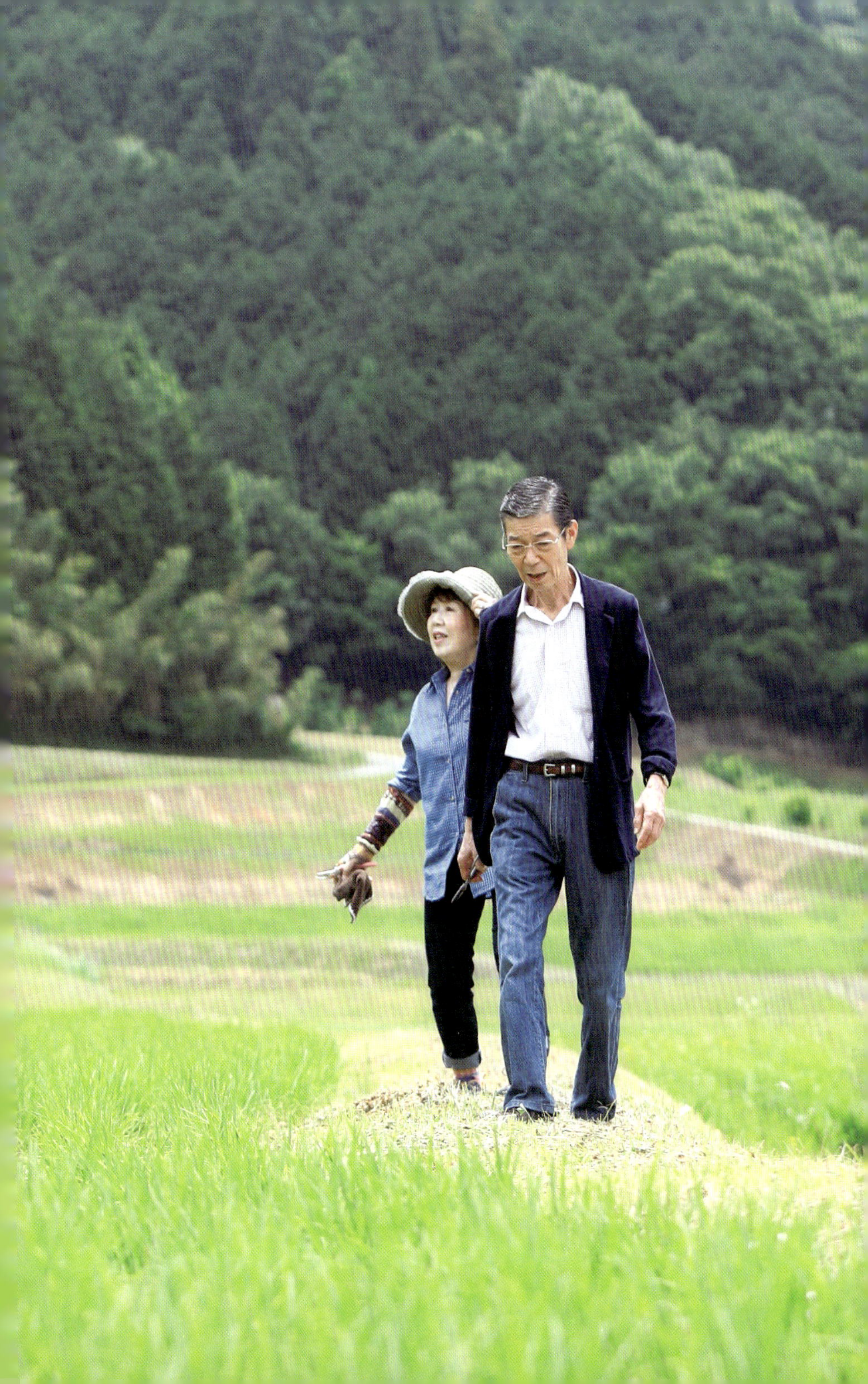

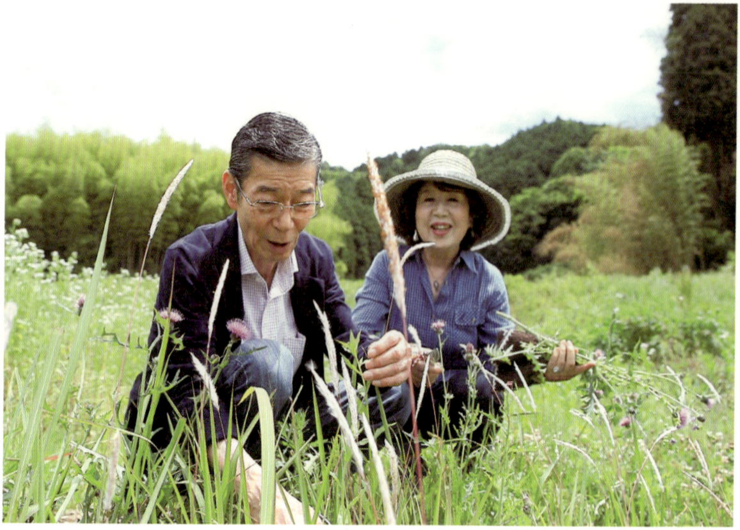

无法庵往昔物语

友明堂书留帖摘录——新春至初夏

从开店当初一直保存至今的友明堂《奈良往来》和大家留下的诗文帖《友明帖》,闲暇时拿出来翻翻,旧日光景翩然至眼前。

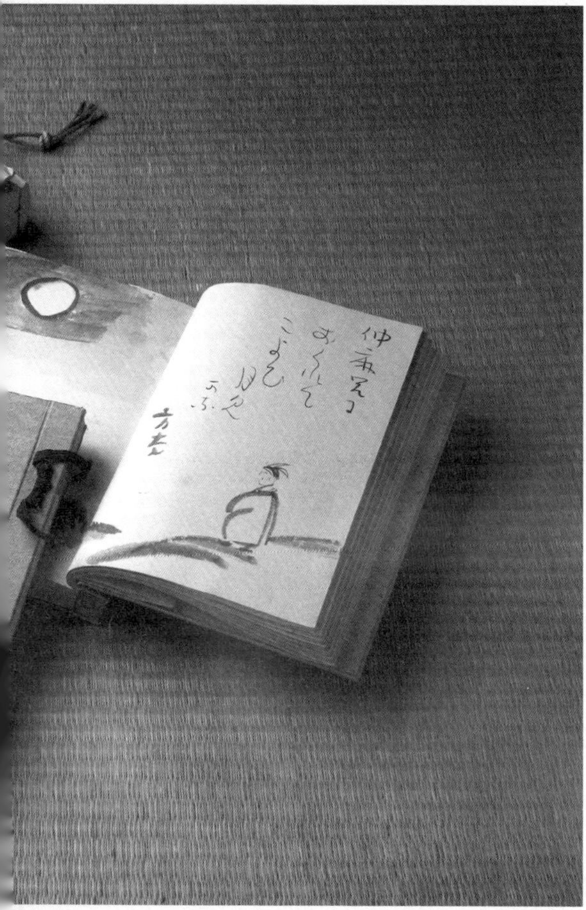

昭和四十一年丙午
正月五日

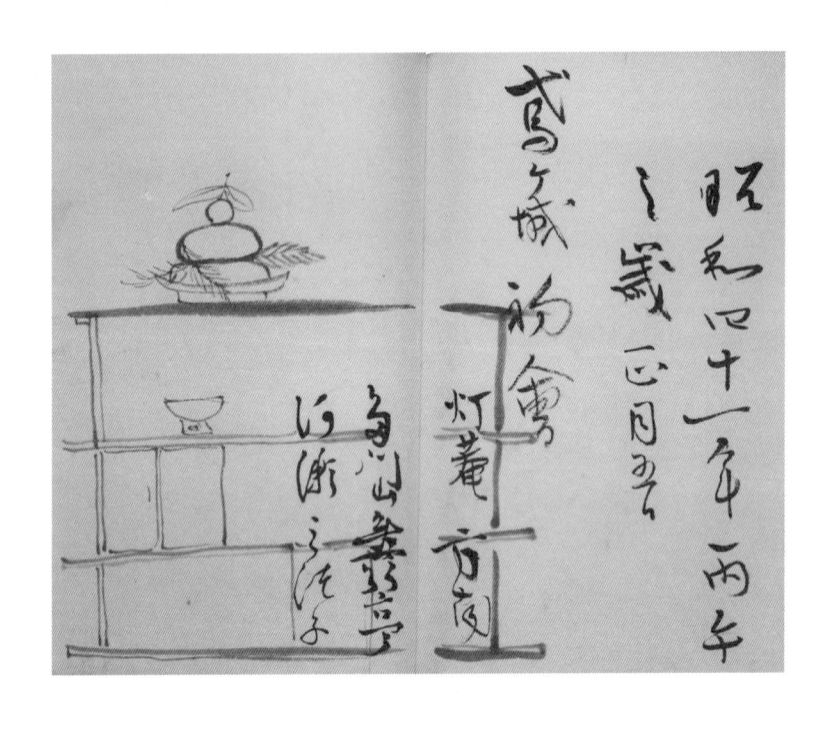

鸢城初会
灯庵方南
多门山无穷亭
河濑三津子

（正月饰绘）

鸢城初茶会

因我的别院所在地为奈良市佐纪町桐山鸢之峰，田山方南老师根据此地名将宅院命名为鸢城。它位于平城宫遗迹北部的丘陵之地，圣武天皇行宫松林苑那一带，视野良好，可望见春日山、若草山。昭和三十九年（1964）十一月起不时有客人欣然至此，彼时内人的父亲也还健在，十分喜欢招待客人。岳父机智灵巧，我在那段时间也随他学到了很多茶会和茶事上的事情。

生前经常来参加茶会的田山方南先生每每为了茶会吟诗作画，这幅镜饼就是昭和四十一年（1966）一月五日，招待田山老师、河濑无穷亭及其夫人时的画作。那时佐纪山周围盛开着很多野花，从来不缺插花的素材，但如今花已不如从前之多，不过这周围人烟稀少，可以尽情欣赏不同时节的花朵。

如今我才深觉自己在美好的时代遇到了美好的人，并且能和这些人一起办茶会，自己也从中拼命学到了很多，着实幸运。无论哪一场茶会都令人印象深刻，在此我回想了其中几场的情景。

梅之赞
清水公照书

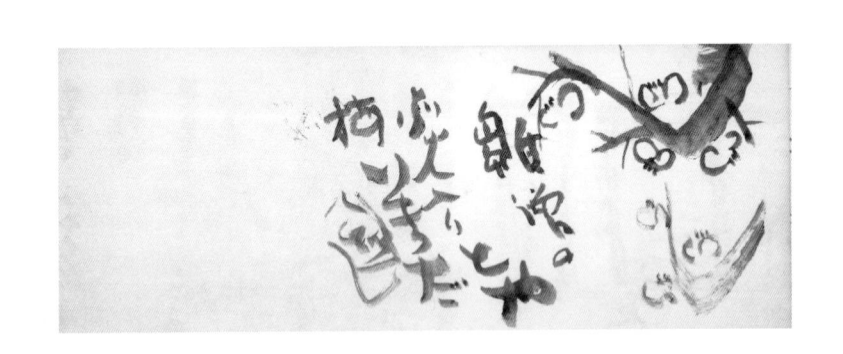

幼僧行别火
梅花正开时

公照

待春

某年二月二十日 临近试别火

这是招待田山方南老师、河濑无穷亭、清水公照大师及其他两位客人时的茶会。

为准备三月一日开始的东大寺二月堂修二会（汲水仪式[1]），参加的僧众们居于戒壇院中，制作仪式上要用的纸衣、供奉于观音前的纸茶花等，均要在二月二十日这天完成。这些事前准备工作称为"试别火"。用现在的话来讲这就是所谓的练习期吧。

三月一日，名为"总别火"的修二会仪式正式开始，直到三月十五日毫不停歇地进行呼唤春天的仪式，从奈良时代起就十分有名。这正是呈现早春喧嚣之感的季节，来此观看的人络绎不绝，声势浩大。

《梅之赞约》是清水公照长老的后继者清水公庸大师初次闭关时所作。等待此时开放的梅花逝去，充满了对春天的期盼。

---

1 汲水仪式，修二会佛事的俗称，指从三月十二日夜里至第二天拂晓，从堂前的若狭井中汲水供于佛前的仪式。

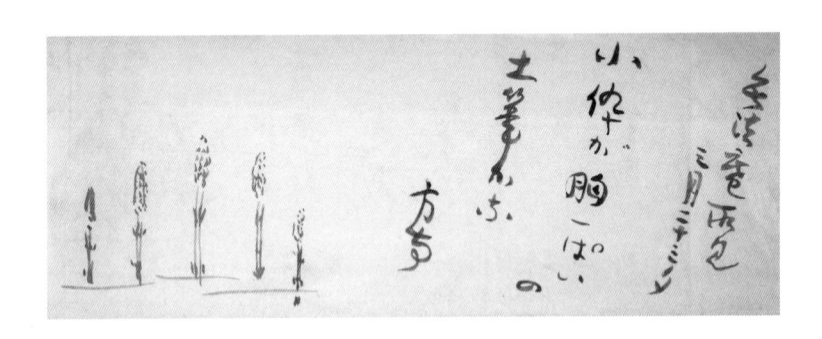

无法庵所见
三月二十三日

小儿所作问荆
可是思绪万千?
方南

(问荆绘)

问荆破土之时

在奈良,秋季是正仓院开封之时,在此期间,各领域的专家们为调查研究正仓院内的宝物滞留于此,许多学者也会光临我这里。另外由于我这里临近国立博物馆,大家可以很方便地顺路看看,并教给我许多我所不知道的事情。以刀剑家本间顺治老师为首,特别是田山方南老师每月都光临数次,教给了我许多东西。先生钟爱毛笔字,无论发生什么总是立即执笔书写,我也进行效仿,因而也变得如先生一般不惧笔墨繁琐。

在我第三个儿子还小的时候,他就知晓我的喜好,采了许多问荆给我,我将问荆煮了之后请田山老师品尝过,这首俳句和问荆的画作就是那时老师欣喜之余所作,此情此景恍如昨日。

早前,不仅是雅屋主人,还有许多极具个性、十分深邃的学者也纷纷来访,如今却无比冷寂。

夫妇二人一起去野外采摘问荆也是春天的乐趣之一,正值时令之物才是最美味的。剥掉问荆上的叶鞘虽说十分麻烦,但也只有这个季节才能体会到。另外,还可以将问荆作为花材巧妙插入花器里。

《万叶集》中也有类似的句子"春野中炊烟袅袅,少女采来马兰烹饪",感谢大自然的恩赐。

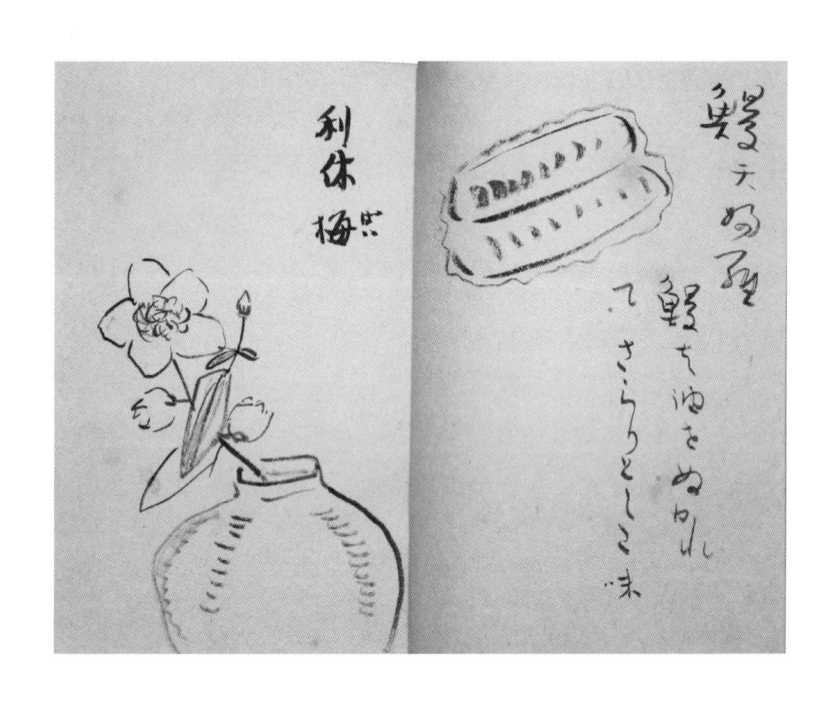

（鳗鱼绘）

鳗鱼天妇罗
鳗鱼去油后
味道十分清爽

利休梅

（花、花器绘）

白花　某年四月暮春

我的岳父经常自己做菜，尤其擅长料理河鱼。

某年初夏，田山方南老师、藤冈薰先生（裱糊店藤冈光影堂的主人）及夫人、河濑无穷亭及夫人、卫藤骏先生（原大和文华馆学艺员，研究水墨画）来到了莺城。在初夏新绿中清游一日后品尝岳父亲手做的料理着实开心。那时品尝的就是鳗鱼天妇罗。

在这些新绿之中，田山先生一直凝视着连片开放的白鹃梅。品着美酒的老师在宴会结束后执笔而作："万绿丛中白一点，利休梅花瓣瓣开。欲知人生其实美，叩门可访莺之城。"大意为"若想知道人生最真的美，理应叩响莺之城的门造访"。那天晚上是田山老师第一次在莺城过夜，第二天早上先生看到我和岳父工作时的样子，提笔写下了"闲事耕心"四字。"悠闲之时也要耕耘自己的内心"，说的是招待客人时应有的态度。

正是因为年轻时招待许多客人受益匪浅，才能有今时此刻的我。

（茶碗绘）

信乐山茶碗
平安时代

（花、花器绘）
淫羊藿

古代壶与山茶碗

昭和四十一年（1966），招待田山方南老师、永岛福太郎老师以及其他三人的茶会时所用道具也是前所未有的，用简易随性的道具为客人奉茶。我家附近有一处平城京遗迹，把从那里得来的古代小壶做成花器，把庭院中盛开的淫羊藿插进里面十分惹人怜爱。

茶碗用的是平安时代的自然釉山茶碗，田山老师作画记录了下来。在那时人们比较喜欢使用本不是茶道具的须惠器和弥生土器，而现在这种乐趣却在逐渐减少。

即便是现在我也十分喜欢用弥生绳文土器插花，但近年来喜欢的土器越来越少，越来越难入手。

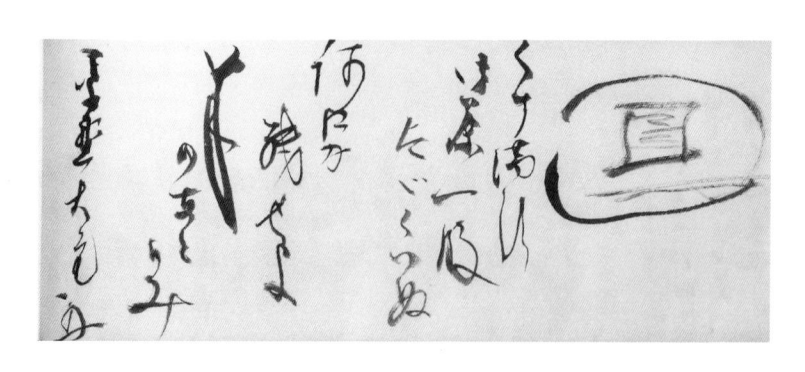

（葛粉果子绘）

葛粉果子
茶一碗
一饮而尽
何物
留下
唯有执笔后
紫野大龟（花押）

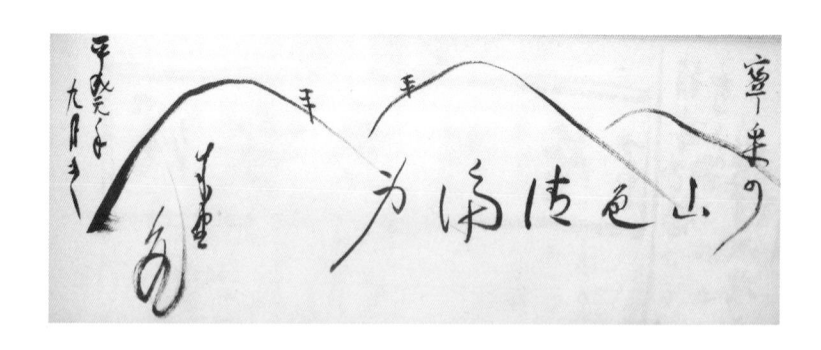

（山绘）

宁乐之山
色
清
静
身

紫野（花押）

平成元年
九月画之

往来于奈良的僧侣

此画为大德寺如意庵的住持立花大龟大师所作。住持大师在奈良县宇陀市大宇陀创建松源庵，现在那里由其弟子泉田宗健师父担任住持。

大龟师父在世时常到奈良来店中与我交谈。另外大师也十分好书法，我们经常进行书信往来，每次一定会附一幅大作，而现在基本没有这样的人了。我出版《茶花十二月》（昭和五十九年、1984 年）时，也赠与大师一本，收到了"吉野的花自不必说，而我在茶室小间这一枝花中感受到了天下之春"的回信，着实令人欣喜不已。我把这封信装裱起来，小心保管着。

我的庵号是"无法庵"，请松永耳庵先生题匾的匾额挂在店里的茶室中，大师每次来店里时，都会坐在匾额下、双手合十道"您好"。大龟师父小耳庵先生两轮，和耳庵先生也十分交好。

开店时记录下来的《奈良往来》中，有除我之外很多来访者的作品，大师也是其中之一、在昭和五十九年（1984）夏天留下了"葛粉果子 茶一碗 一饮而尽 何物留下 唯有执笔后"的佳作。另外还有不知何时写下的"远眺杜鹃啼鸣处，唯有朗月枝头留（月之绘）"。怀念这位充满茶禅之味的僧人。

和孙儿们一起

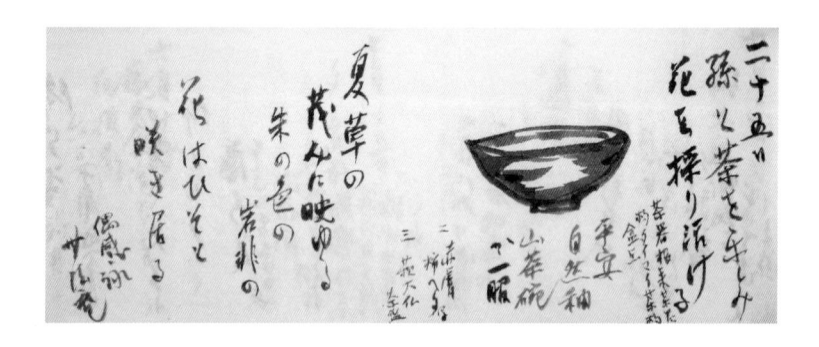

这大约是十年前的事情了,是我在接受某杂志关于奈良特辑的采访时的故事,采访地点定在我的别院。先是我插了五种左右的花,然后内人和四个孙子出门到野外采花,回来后各自将采到的花添进去,随后我们进了茶室,我做了盆略点前[1]为孙子们点茶,在壁龛上用挂式花器插上他们刚摘回来的花,孙儿们开心地品着美味的茶的画面依然历历在目,仿佛是最近才发生的事情,但孙儿们却早已长大。

和孙子们一起接受采访的照片保留了下来,他们成人时这照片也会成为绝无仅有的回忆吧。

---

1 略点前是茶道的一种点茶方法。

如花在野
——入夏、秋盛

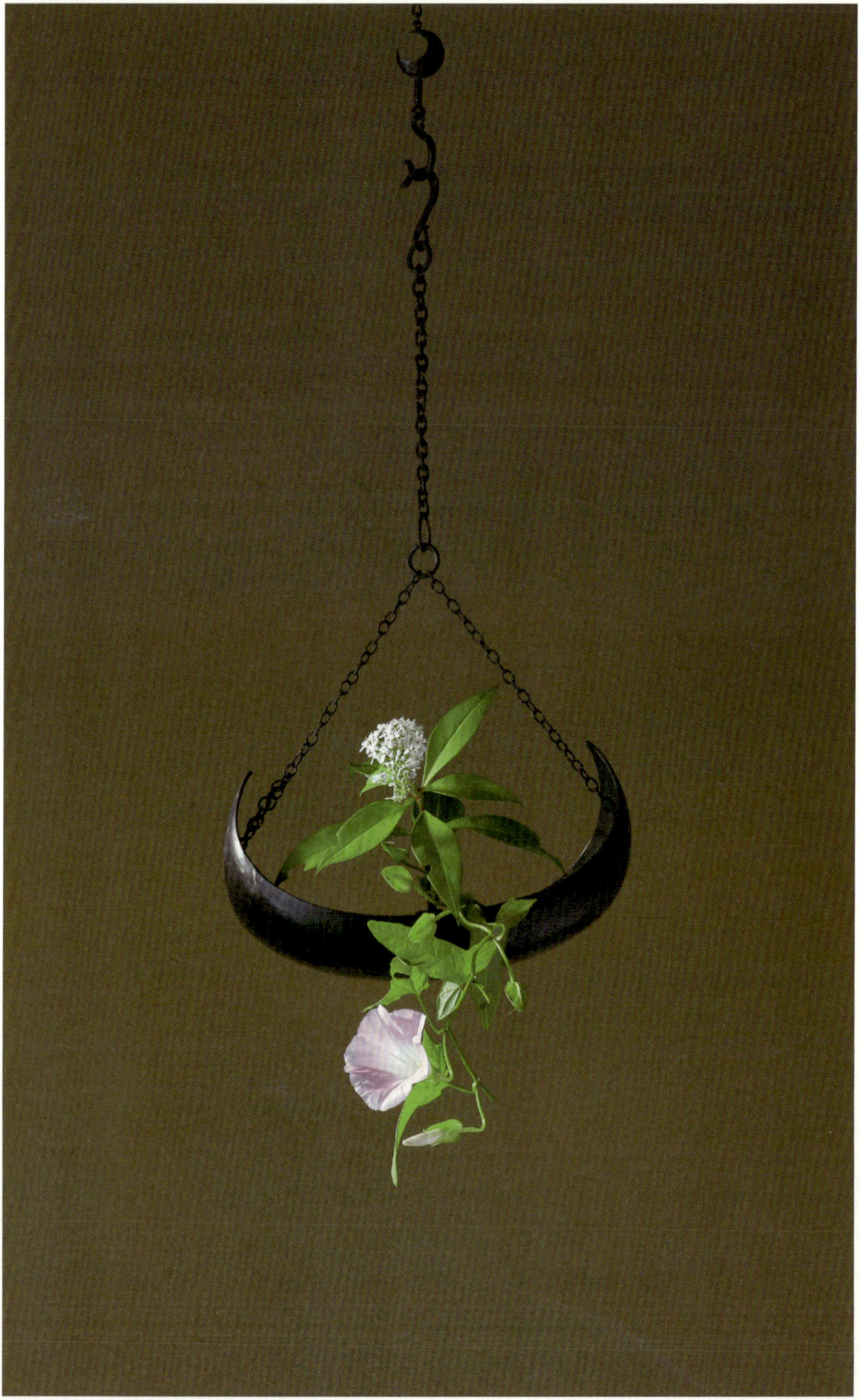

七月

虎尾草　昼颜

砂张钓舟

在奈良市法莲寺兴福院周围的铁砂网上,我发现了攀附其上的昼颜花。采回家修剪后浸到水里,搭配着虎尾草,调整了枝条下垂的幅度。

如果有双善于发现的眼睛,便会知道昼颜经常缠绕在栅栏上,如果能将其巧妙地摘下,便可装饰在吊式花器或挂式花器中。牵牛花虽然也非常美丽,但我还是更爱昼颜下垂的花枝,以及它与花器浑然天成的自然感。

含苞待放的花蕾密又多,可以让人期待一阵子了。

假山茶

根来涂漆薄板
旧藏佛器

在夏天盛开的"一日花"[1]十分之多,假山茶就是其中之一。"娑罗"和"可怜"为其别名,据说是仿自印度的神木娑罗双树而来。

要采到枝叶恰到好处的花枝十分困难,若是在花开得正好时,兴冲冲要将其插入花器,这时花儿常常会突然凋落,着实让人失望唏嘘,于是只能选出花茎较短,即将绽放的一枝插入佛器中。花器与花交相倒映在古根来漆艺的薄板上,实在令人满足不已。

---

1 一日花指朝开夕落的花。

胡枝子 莎草

鱼篓

　　我的别院周围住户较少，因而与热闹的街道不同，空气十分清新。夏日秋初，院子和围墙边会开满色泽鲜艳的胡枝子，我随意折了一枝，然后又采了一把水沟里生出来的莎草，在摘花时心里就想到了该选什么样的花器，因此插花时十分顺利地就达到了满意的效果。

　　莎草因为形状酷似吊起来的蚊帐，因而别名为蚊帐钓草，是十分合时宜的配花。

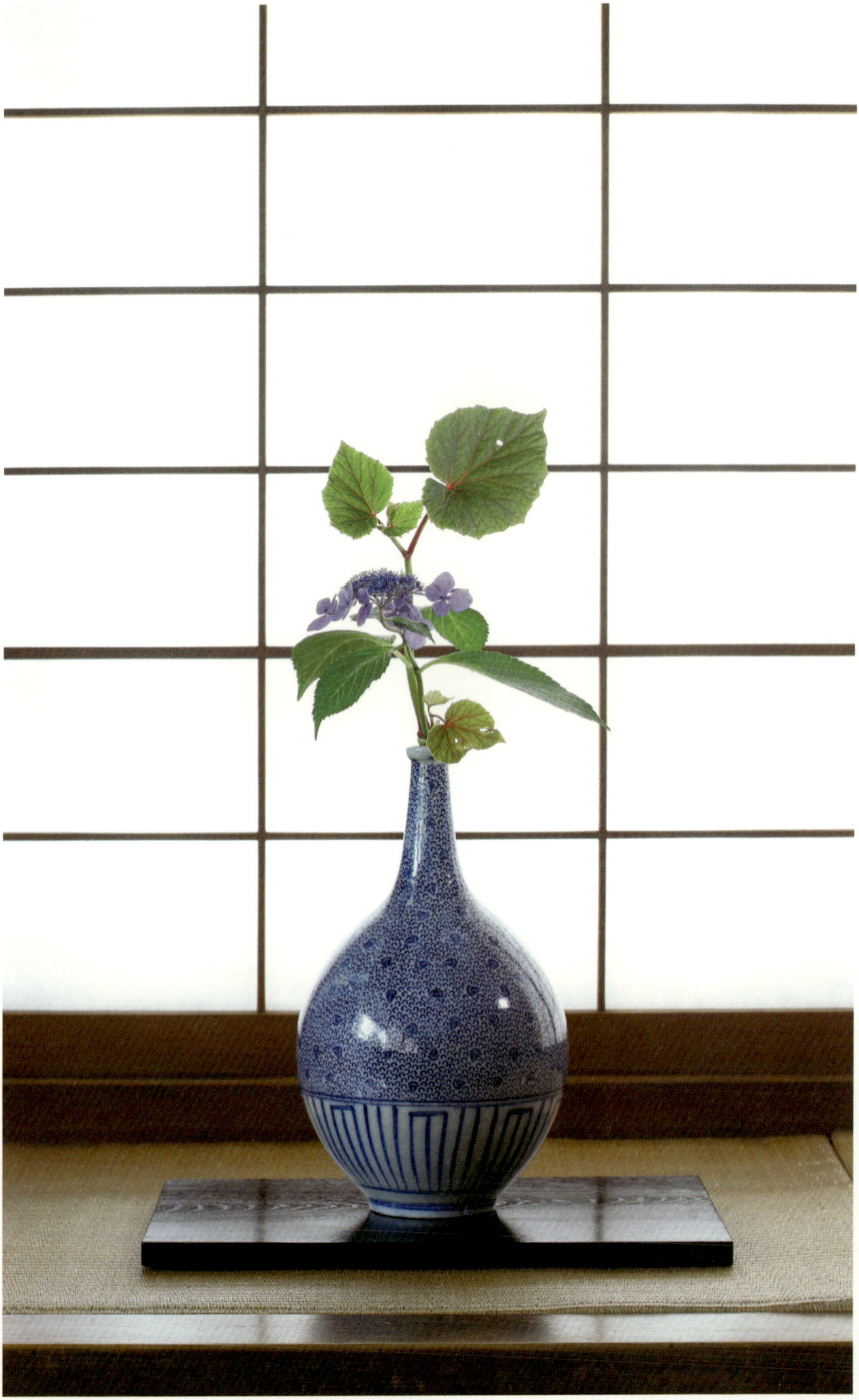

秋海棠 绣球花 伊万里大德利

在摄影当天，从亲友处得来了上好的秋海棠，配上从别院里摘下的别有风情的绣球花，插入了花器中。如果细心换水的话，摘下的秋海棠可以持续好久不败。以我的经验来看，花草的茎部较脆弱，早晚换水时的修剪必须极为细心，稍稍有怠慢，就会伤及茎部。虽是时时都要注意，但夏季尤其要对花草倾注爱意。与花接触时人会不自觉地沉醉其中，连偶尔身体不适都能痊愈恢复，着实是令人吃惊的自然力量。

就如"花要插得如同在野外绽放"[1]这句话一般。毫不做作、自然朴素的插花才能让人心旷神怡。

---

1 茶道集大成者千利休大师的茶道七则中的一则。

半夏生 水金凤

南都霞酒玻璃瓶　昭和时代初期

　　花器是昭和时代初期用来装奈良名产南都霞酒的玻璃瓶，以前看到过好几种这样的瓶子，但最近基本看不到了。

　　在夏天，玻璃制的容器能够给人带来清凉感。我有一个未售出的玻璃瓶，每年夏天都会插上花来装饰店面，如同"冬暖夏凉"这句话所述一般，炎炎夏日里视觉上的清凉感最为重要。

　　至于插入容器的花束，也十分具有这个季节的代表性。清凉感十足的半夏生配上开满庭院的水金凤，喷上露水后，习习凉风，令人惬意。

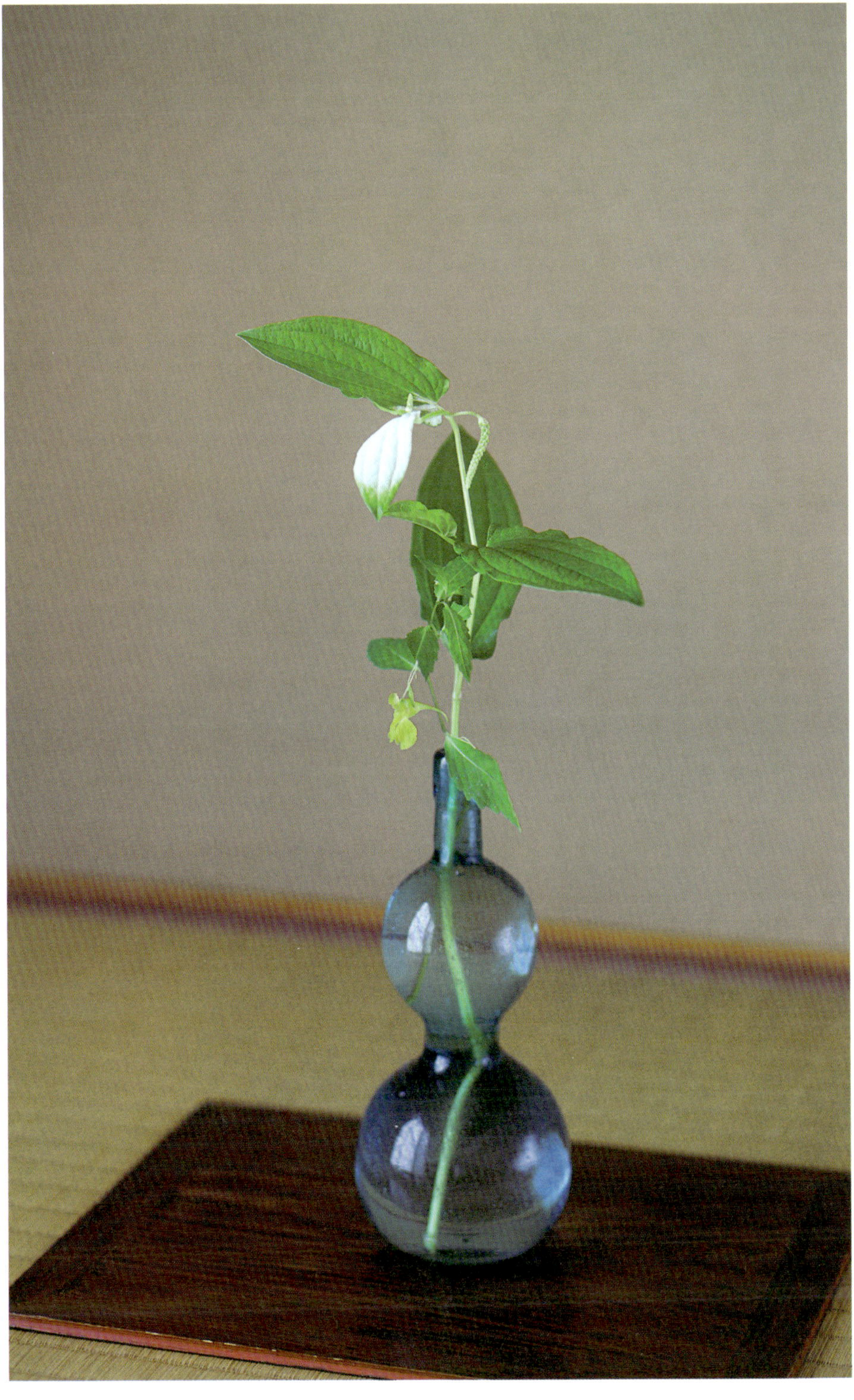

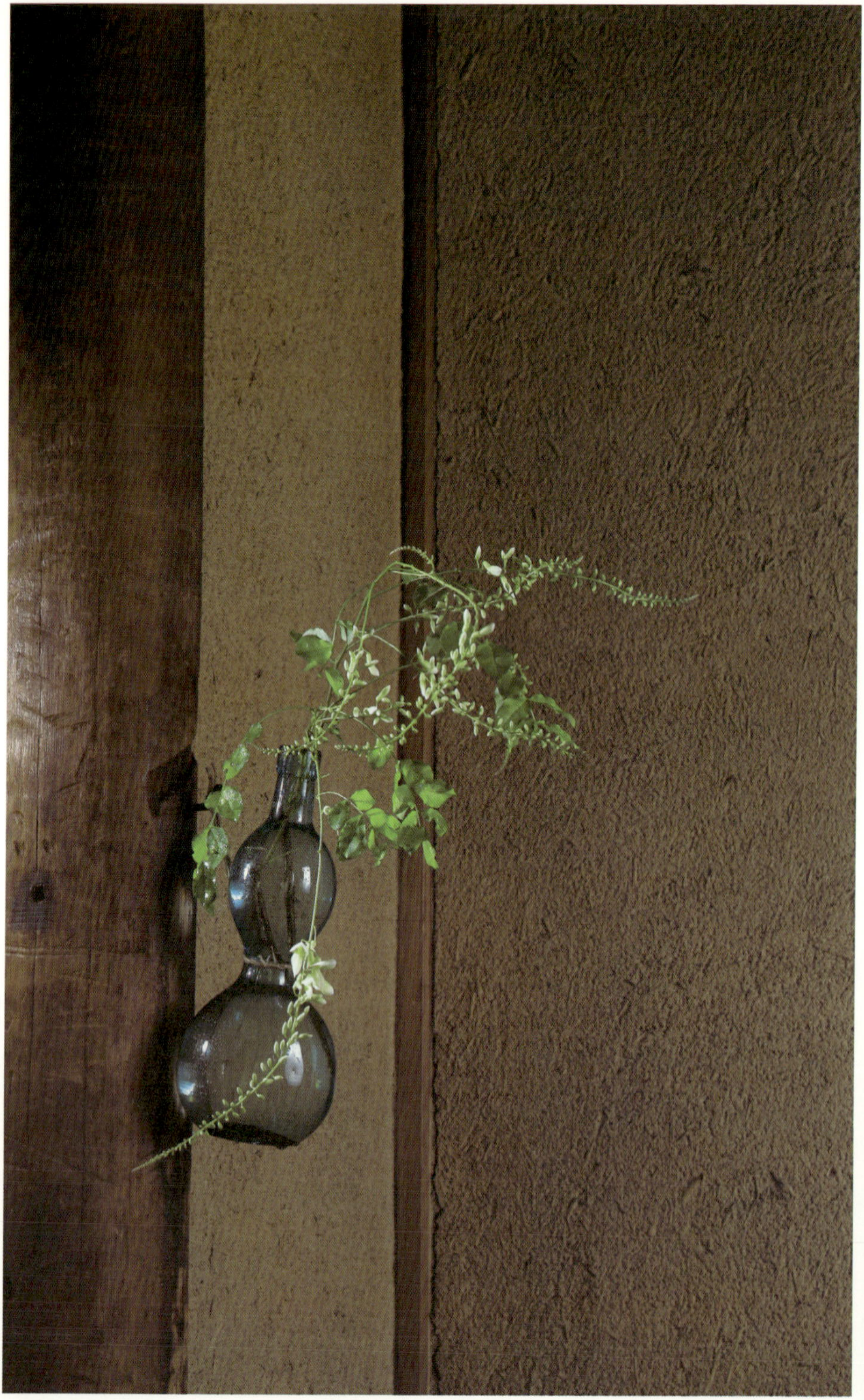

夏藤

南都霙酒玻璃瓶　昭和时代初期

每到夏天我都十分期待插夏藤，它不同于其他五月初绽放的藤花，十分具有野趣，宛如被习习凉风拂过。因而在其刚盛开不久，我便折了回来插进了花器中。藤花绽放后不久便会凋零，但其他花苞会不断绽放，因此可以保留很长时间。

关于夏藤花，我还有一段苦涩的回忆。那是数年前七月的某个黄昏，我看到了一株缠绕在大树上的夏藤，在爬树摘花时从树上跌落，动弹不得，天色渐晚，这又是个人烟稀少之地，实在是叫天不应、叫地不灵，好不容易才挣扎着爬到有人烟的地方，又过了几个小时，内人才担心地找到晚归的我，最后我被救护车送到了医院。

大腿骨折、医生对我说："你可能这辈子都无法跪坐，也许今后都离不开拐杖了。"但现在我已经恢复到可以跪坐和独自出去寻花的程度了。不过之后我完全淡忘了之前受的苦头，还因为再次独自一人出去寻找藤花而惹怒过内人好几次。

花开过后，夏藤会像山藤和野藤一样结满豆子、结满豆子的夏藤与开花时节不同，搭配其他野花后会给人一种山野风雅闲寂之感，十分讨人喜爱。

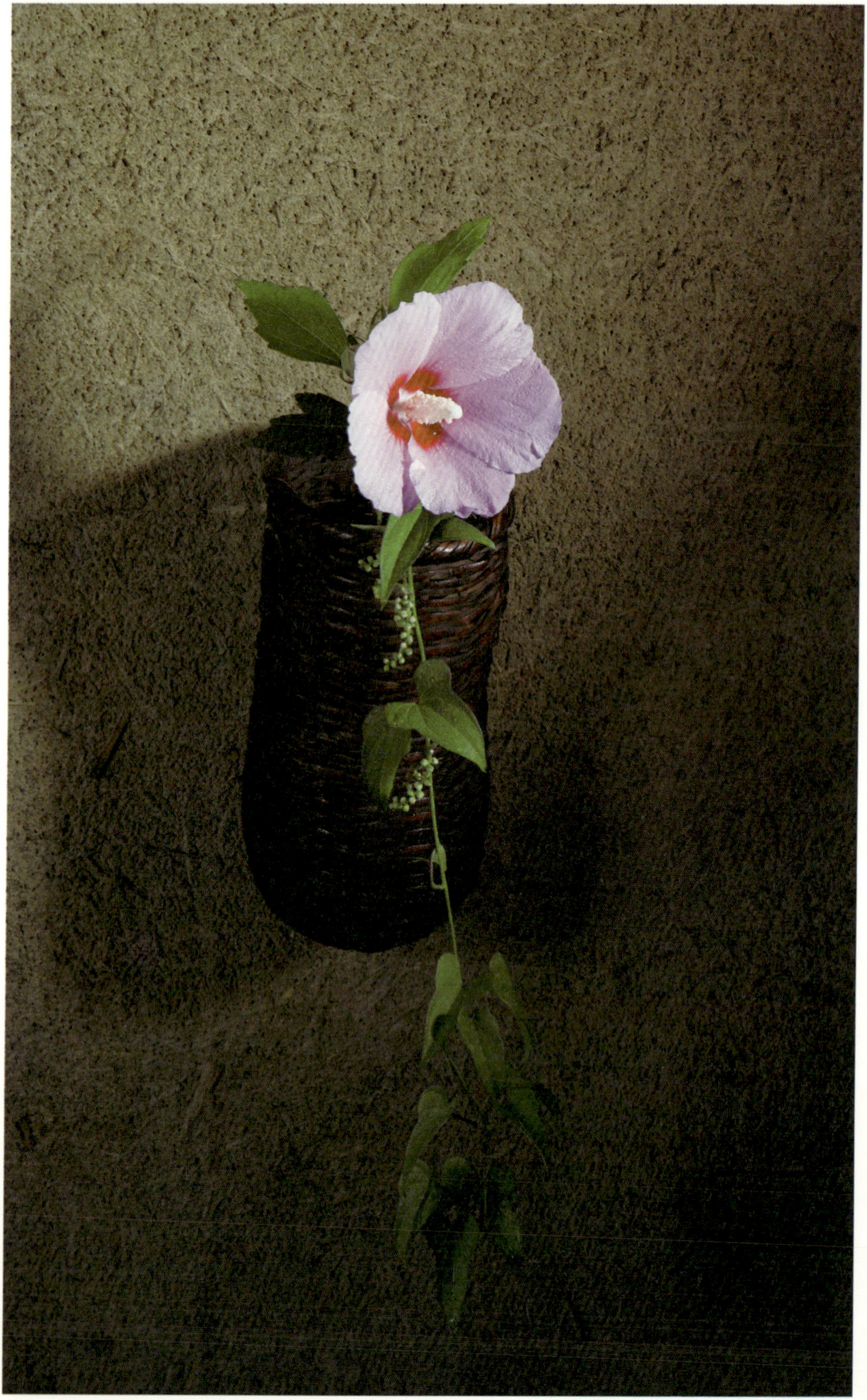

八月

蔓草 木槿

旧藏 挂篓

夏季花朵稀少，但各个品种的木槿花却竞相开放。虽说木槿也是一日花，只有朝夕之命，但如果趁着傍晚采下花骨朵较饱满的枝子，插进花器中，第二天清晨便会炫然绽放。

在野外漫步时，偶遇缠绕在围栏之上的白色蔓草，我折下来带回家中，与木槿一起插入挂篓中，沾沾自喜地感叹"多美啊"。

蔓草种类繁多，有很多甚至叫不出名字。在朴素的花器中插入蔓草再搭配其他花束，效果十分震撼，比如生长在土墙之上的鸡矢藤，藤花呈鲜红色，惹人怜爱。我也十分喜欢将蔓草作为茶道配花来使用。

桔梗 紫露草

旧藏　南岛手付土器[1]

　　照片上为亲友送来的两种花，也许是因为生长的土地不够肥沃，桔梗花较为娇小，一起送来的紫露草也是楚楚可怜的样子。花器似是从泰国或是印度尼西亚渡来的土器，通常称之为岛物，这只还附有藤蔓编织的把手，是十分罕见的器型。我觉着这容器十分有趣便想着用它作花器，这才托人买了回来。

　　花器十分朴素，用来插花很衬托花之气质，如果花不大，信手将其摆放在书房的桌案上也不失风雅。

1　南岛手付土器，安土桃山时代南方诸岛的舶来品。

莲

猿投古窑经筒

每年的盂兰盆节，我都将内人买来的莲花供奉在佛坛用来迎接亡灵，每天为其换水，轻轻做下护理后，变色的花瓣会再次恢复成清丽的粉色，直到送走亡灵为止还需要重复多次。

茶道很少用到莲花，八月追思的佛事法会较多，我在法会之后的茶会上偶然见过几次，有时因为拍摄工作的需要，我也会插一两次，但它与其他茶道种的用花不同，要插好是件不易之事。

经筒的釉色十分自然，给人以无垢的清凉感，难得插一次，谨以此花敬献给先祖与亡灵。

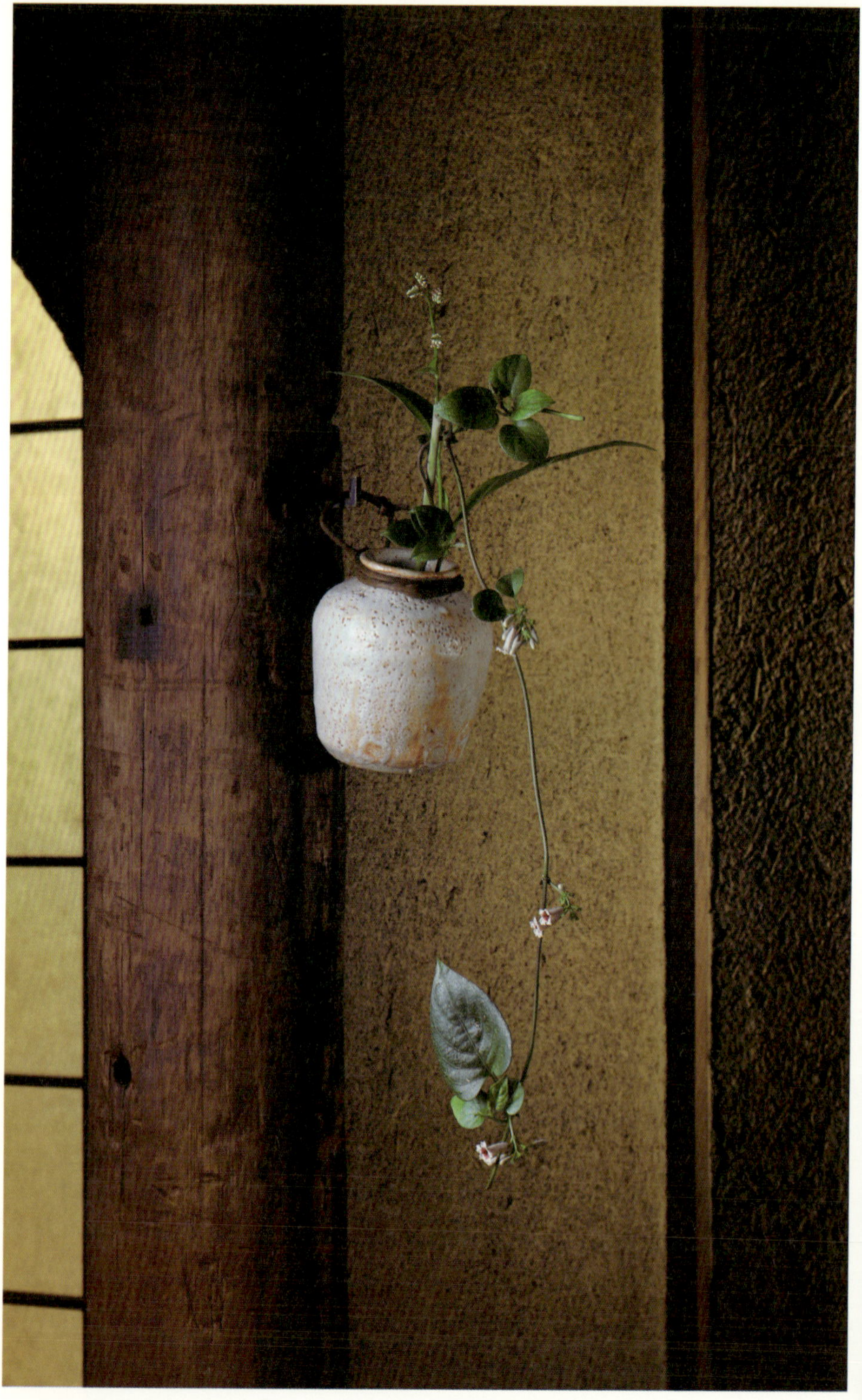

鸡矢藤 蓼

志野[1] 田山方南作

这个花器原本是用来装浓茶粉的，我用藤蔓进行了改造，制成了悬挂式的花器。田山方南先生晚年时经常周游各地制作陶器，在回来的路上有时会到我这里，慷慨赠与我花器、水指、茶碗等器具，而这个花器便是载满回忆并让我十分珍视的道具之一。

鸡矢藤别名鸡屎藤，虽说名字很奇怪，但娇小的花朵惹人怜爱，并以顽强之势不停绽放，等到回过神来会发现它已开遍各处。古人在《万叶集》中也曾咏叹过：

鸡矢徒劳攀云实
何时方能登龙门
　　　　高宫王

再配上出穗的蓼草，不禁想要感叹"这样也不失风雅"。

---

[1] 志野，最早产于日本岐埠县的白釉陶器，土坯呈浅红色，再上一层白色长石釉。

千屈菜 星宿菜 桔梗花

旧藏　玻璃水次

　　盛夏时玻璃会给人带来清凉感，花也是随意取了三种搭配起来插进花器中摆到店外的架子上。清晨从佐保山周围摘来了星宿菜、桔梗还有千屈菜，千屈菜的花呈红色，娇小可爱，自下依次开放，早晚各换一次水并进行略微修剪，再喷上露水后可以保存很长时间。

　　最近在山野中有些花已经看不到了，星宿菜就是其中一种，它与虎尾草各有千秋，星宿菜花朵呈白色，一簇簇地绽放，惹人怜爱。桔梗也是故意挑了枝花朵较少的，插起来有在风中摇曳之姿，风流而潇洒。

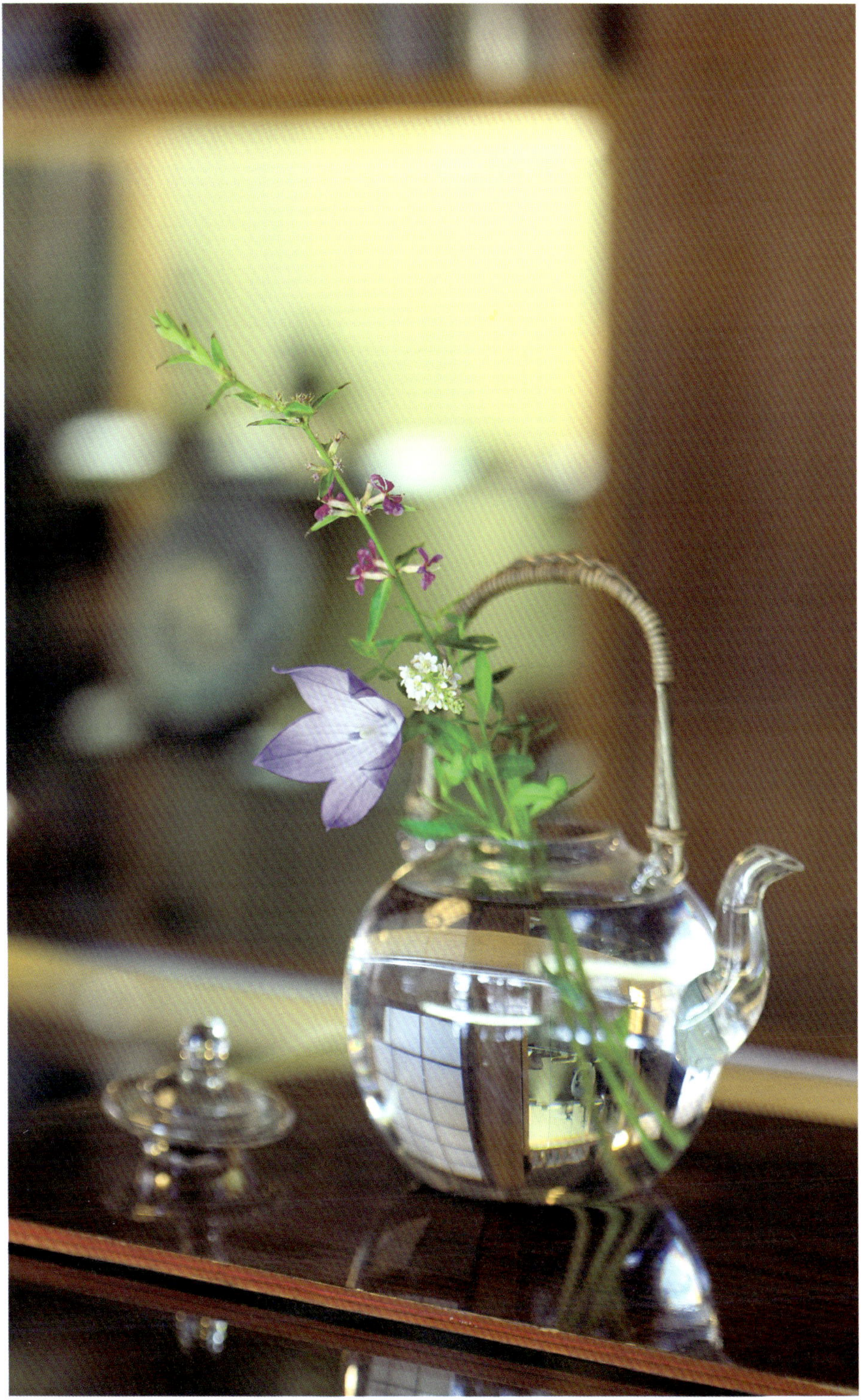

竹兰宗旦木槿

古濑户钓舟

　　在木槿之中，我最爱宗旦木槿。家中的院子里也种有木槿树，在花朵稀少的夏季，我十分珍视这棵树，宗旦木槿花瓣呈纯白色，但花底却映着鲜红，喷上水后更显得清秀脱俗，是我夏季最爱的花材，搭配的竹兰花早已开过，花朵呈紫色，叶子形状似竹。

　　木槿花每日清晨在微风中次第绽放。夏季过后，到了十月这样让人惜秋悲秋的季节，也可以在席间配上几种快要开败或凋零之花，岁月的荣枯就跃然眼前了。

蓼草 石榴果

垂拨 — 法隆寺石材
须惠器挂壶

六月末到七月间石榴树会开出可爱的花朵，但不经意间果实居然已经这般大了，这也是友人送过来的。果实如果太大便很难作为花朵插入花器中，但照片中这样大小的果子还是可以使用的。选一枝花较少的蓼草搭配着随意插入花器里做个补充。

1 垂拔，垂挂花器的木板，带有花钉，以代替茶室墙面上固定位置的花钉。

鹭兰

旧藏　砂张钓舟

　　近年来很难发现野生的鹭兰，上次在佐纪附近的大池边发现鹭兰也是很久之前的事情了。

　　那是几十年前应邀赴一场早晨的茶会时，在外屋的等候厅里，我看到了插在古铜水盘里的鹭兰。清晨刚过五点，天色开始泛青又还略微昏暗，面对飘然在水上的白色鹭兰，有种不可名状的洗涤心尘之感。时过境迁，而记忆却如此鲜活，仿佛就发生在昨天。

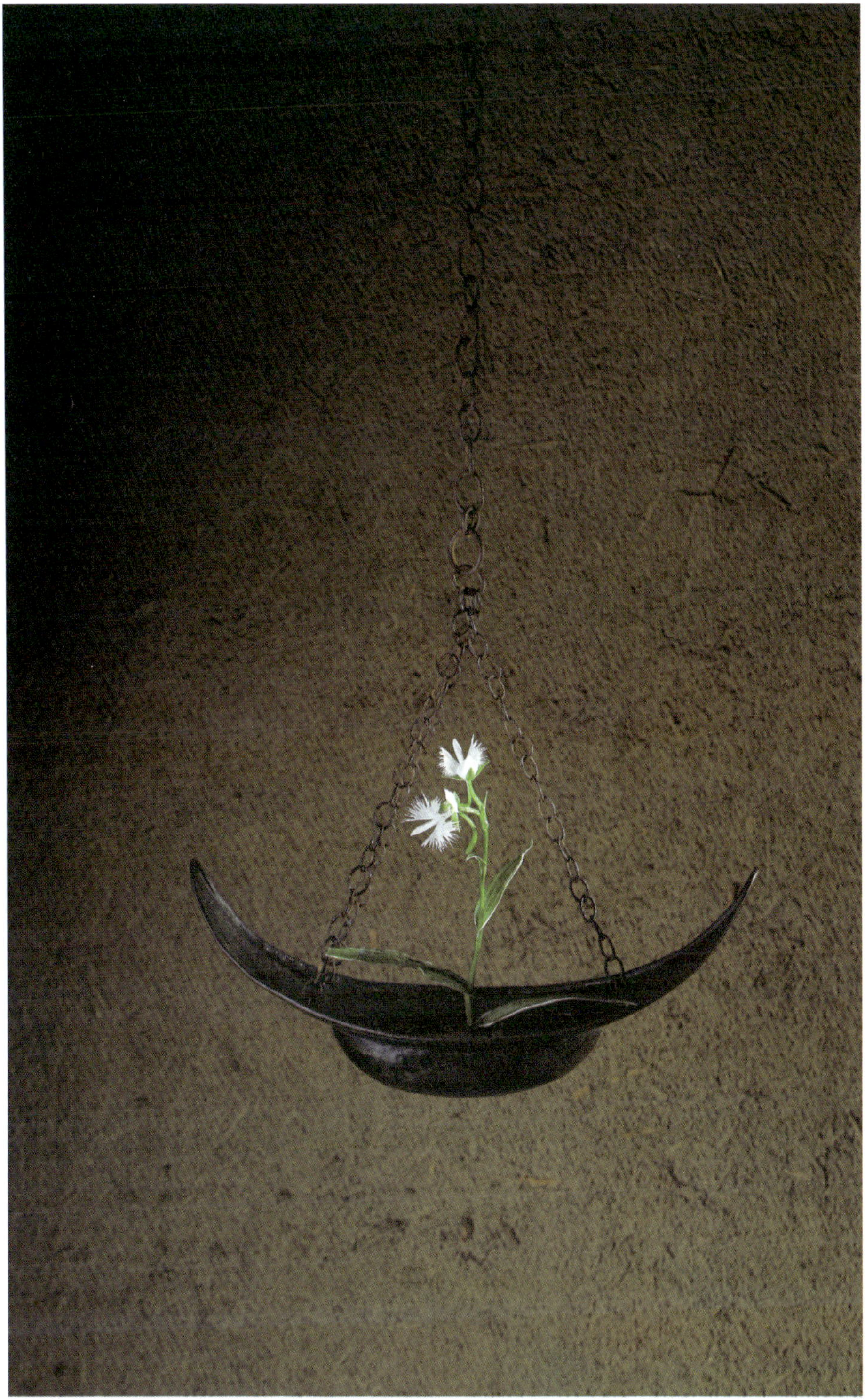

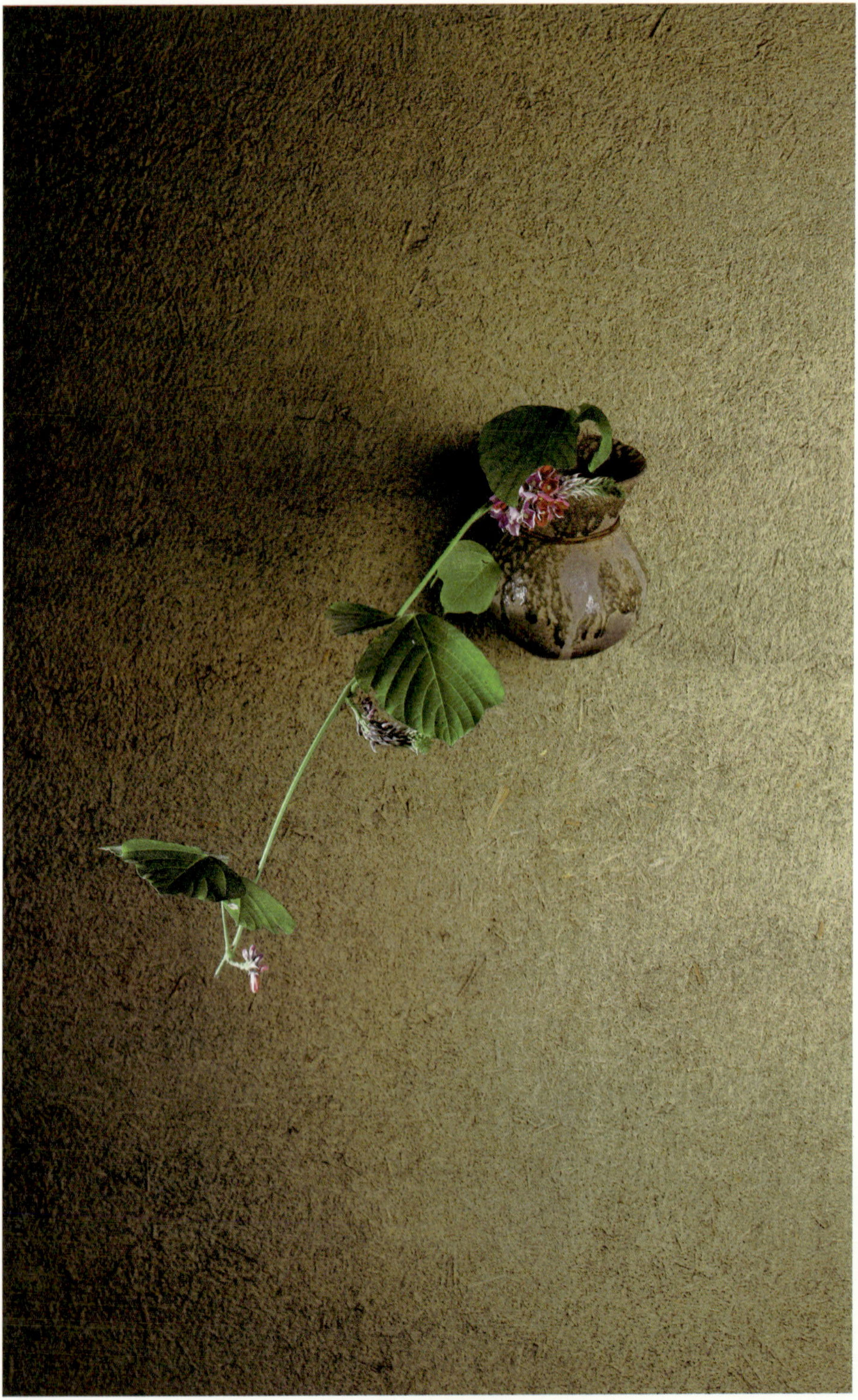

九月

葛
须惠器自然釉土器

夏至秋初，偶然发现葛藤布满山野的光景。葛藤繁殖力极强，由于叶子极大导致很难发现葛花，有时微风拂过，便可窥见藏在叶子中的小花，趁机摘下来修剪也不失为一件乐事。插葛花时要协调好花朵数量和藤蔓的长度，葛与古器具十分相配，个人十分偏爱。

先前去京都东山的桐荫席时，坐在点心席上远眺庭中风景，长在墙根处的葛藤着实让人印象深刻。山野中自然生长的葛藤固然很好，长在墙根处的也是别有趣味，自然的不同妙境，让人感慨。

高砂芙蓉

江户时代
濑户织部釉德利

这株高砂芙蓉种在我的别院中,早先把它从别处移来种在地里,生命力顽强的它迅速扎根繁殖了起来。

芙蓉也是一日之命,朝开暮落,娇小可爱的花朵次第绽放,可以随意搭配,芙蓉的花期很长,在花朵稀少的季节里倍受珍爱。高砂芙蓉不同于这个季节的普通芙蓉,吸水性较好,不易凋谢,插花人也不用紧绷神经来对待它了。

地榆 胡枝子

旧藏 花篓

这枝胡枝子是儿子在天理市附近采到的，自然生长在秋野之中，配上地榆，花器算不上是什么名贵的东西，花也是杂生之物，也许这样搭上，也正好应了中庸之道。

胡枝子和地榆均是原野上杂生的花，花朵小小的不张扬，这样刚刚好。

芙蓉

青瓷尊式　中国明代

　　摄影当日清晨，到别处的院子摘花时，发现芙蓉已攀高，竞相开放。我想象着花器的样子，随手剪了几枝，带回家插了起来，虽说也有淡粉色的芙蓉，但最适合茶室的还是清丽脱俗的白色。

　　经常有人采下芙蓉后将根部烧掉，原因在于吸水性不好，但我摘下芙蓉后通常迅速将其浸入深水中，然后进行修剪，这样可以减少水分流失，花也可以保存较长一点时间。特别是夏季，为了延长花期，除了勤换水之外，剪枝的时间段也尤为重要。

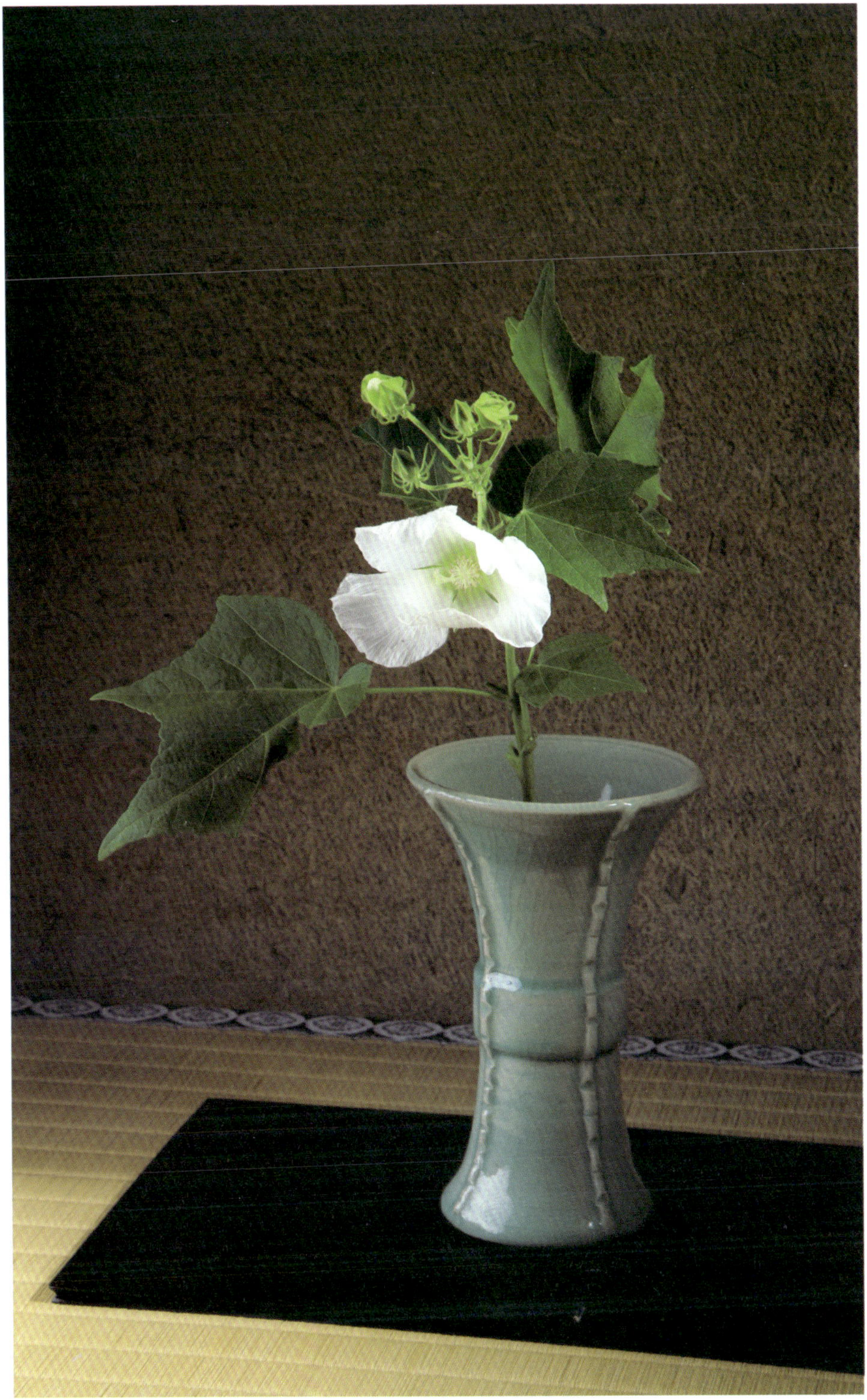

大蓟 荚豆蔓

常滑

夏季鸡矢藤会开出白色的小花,就如"开花结果"这句俗语一般,花开之后,就到了藤蔓攀上大树,结下许多豆子的季节,这与开花时的样子相比,又别有一番趣味。我又搭配上在山里摘下的颜色鲜艳的野蓟,插入挂式花器中。

这是我十分钟爱的插花方式。

凤仙花

弥生土器[1]

我一直谨记着柔和的花器要配上柔和的花。儿子的车经过山间开向柳生方向时,在道路的背阴处发现了一片红色的小花,本着好奇心,便和妻子二人一起下车,走近一看居然是很罕见的凤仙花,于是欣喜地摘了回去。

凤仙花和夏天的水金凤很相似,花朵呈淡粉色,惹人怜爱,种子靠风向周围传播,在街上基本看不到,也许是生在行车道旁边,所以谁都未曾发现。看到它开成一片觉得很是欢喜,我采了少许回去种,期待着它能长大开出漂亮的花朵。这花和颜色柔和的花器十分相配,花苞还在不断盛开,可以让人享受一阵子了。

---

[1] 弥生土器,素陶器的一种,烧制温度比绳纹土器高,呈红色、胎薄。

秋牡丹 白花秋海棠

古铜鹤首

别院里的秋牡丹攀高后,我剪下一枝,配上了花叶娇小半野生的秋海棠。比起在养分较好的地方培育出的花朵,我认为野生的花儿更适合拿来在茶道中使用。

野红豆

古民艺油壶

去深山寻花时,在田间小路上发现了许久未曾找到的野红豆,之前也采过几次这样的花,黄瓜、茄子、南瓜等菜花也是别有一番风味。

野红豆开出的花叶十分招人喜爱,和朴素不张扬的花器十分相配。

须惠器

地榆
芒草
佩兰
轮叶沙参
麻花头
马兰

　　秋草开遍了山间村落，但却无人观赏，采摘，因而都开了花。风拂过花海的景象令我和内人不约而同发出了惊叹，采了一些回去，插入宽瓶口的须惠器里，立刻感觉瓶中装满了秋意。从远处观望，顿感心灵得到了治愈。

　　古人经常说"深入自然方能寻花"，没有比自然中的花更美的了。

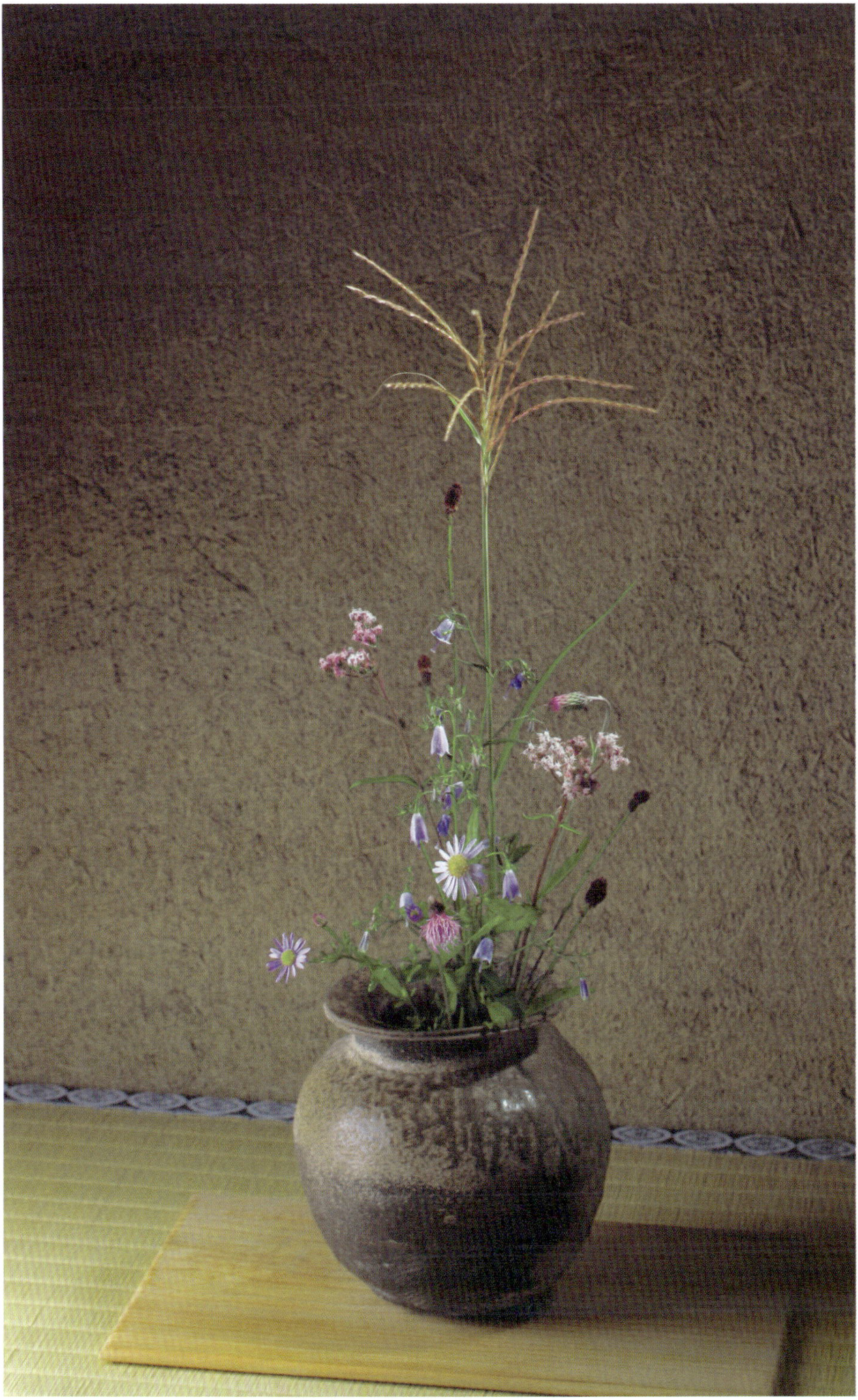

金线草
白花秋牡丹

旧藏　竹花器

　　将开在庭院中的秋牡丹和金线草尽量随意地插入花器中。这个花器是我去东京时，内人说想要一个这样的器皿才买下来的，为了方便作为挂物使用，特意做了个象牙环，是个奇特的竹花器，也许更适合煎茶道时使用。

大波斯菊

丹波便携式德利

在山间绽放的大波斯菊和在平地种植的不同，颜色十分艳丽、美艳异常。思考着该插在什么样的花器里时，在店里的角落中发现了内人之前买的德利酒壶，于是拿过来插花。

我将其摆放在店里的玄关处灯笼下，用来迎接客人。

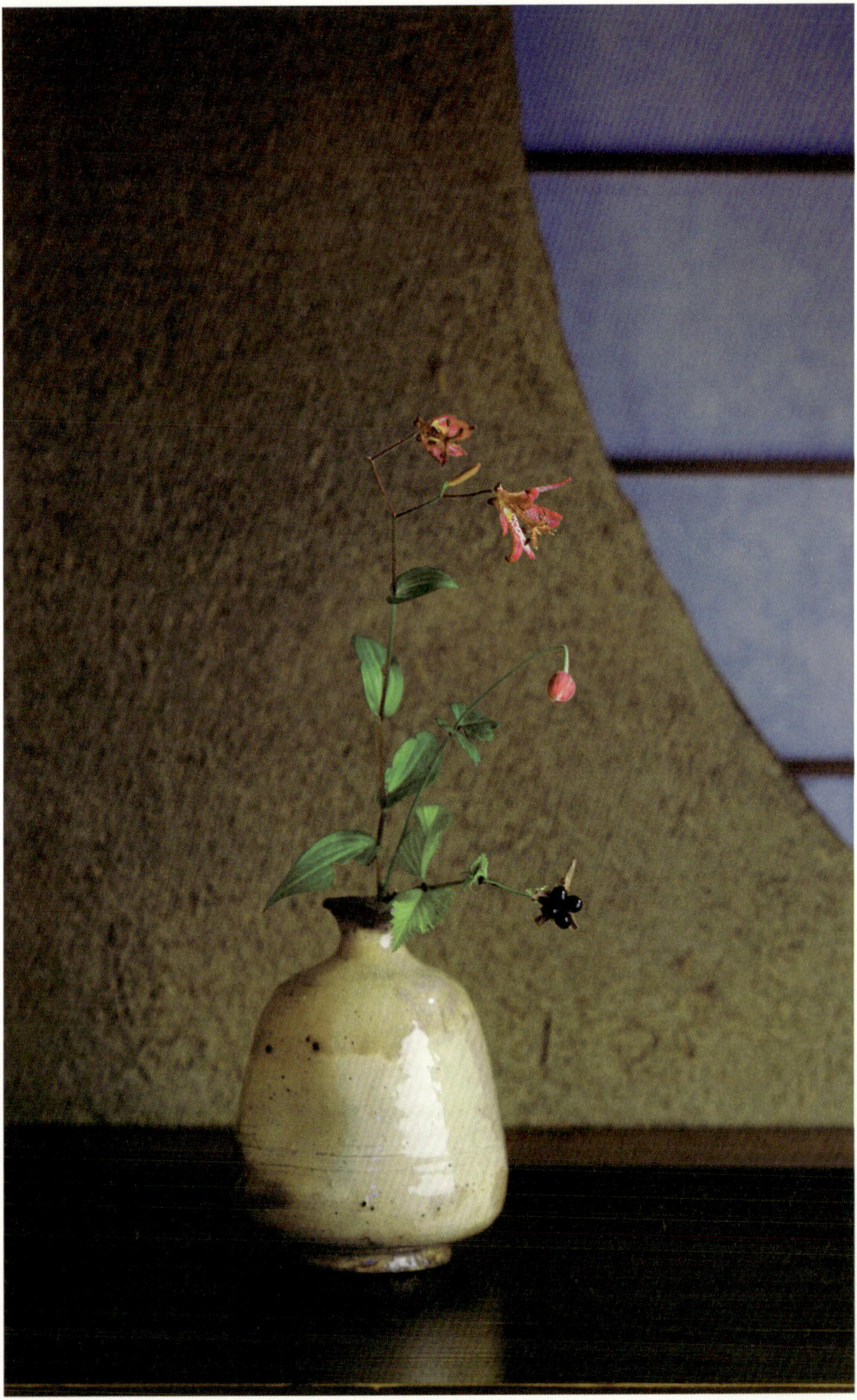

十月

棣棠果 秋牡丹 杜鹃草
古萩德利

在别院里开放的杜鹃草处于半野生状态，枝条上的花朵很少，但色泽艳丽，是我十分钟爱的花朵之一。纤弱可爱的秋牡丹配上白色的棣棠果，着实让人爱不释手。

花器是我珍藏多年的古萩德利，办了很多次茶会都是用的这个德利，十分招客人喜欢，釉药也渗得恰到好处，乍一看很容易错认成朝鲜的粉引陶器。

酒入葫芦叮咚响
闻声谁人不展颜
　　橘曙览

喜在席间饮酒之人，无人不爱此声。

柿　佩兰　马兰

东大寺油壶　福井澄斋作

　　柿的叶子染上了颜色，枝头也被果实压弯，于是剪下一枝，与佩兰和马兰搭配在一起。花器是镰仓时代东大寺油仓中使用的油壶的仿制品，由活跃在大正到昭和年间的漆工制作，复古之感很强烈。自觉作为花器使用也不错，于是以此次为契机用作了花器。

　　柿子叶掉落后，红红的果实开始压上枝头，为肃杀寡淡的季节添上一抹浓艳之色，但却又有种风雅闲寂之感。

　　柿压枝头一抹红
　　时雨润之色更鲜
　　　　愚咏

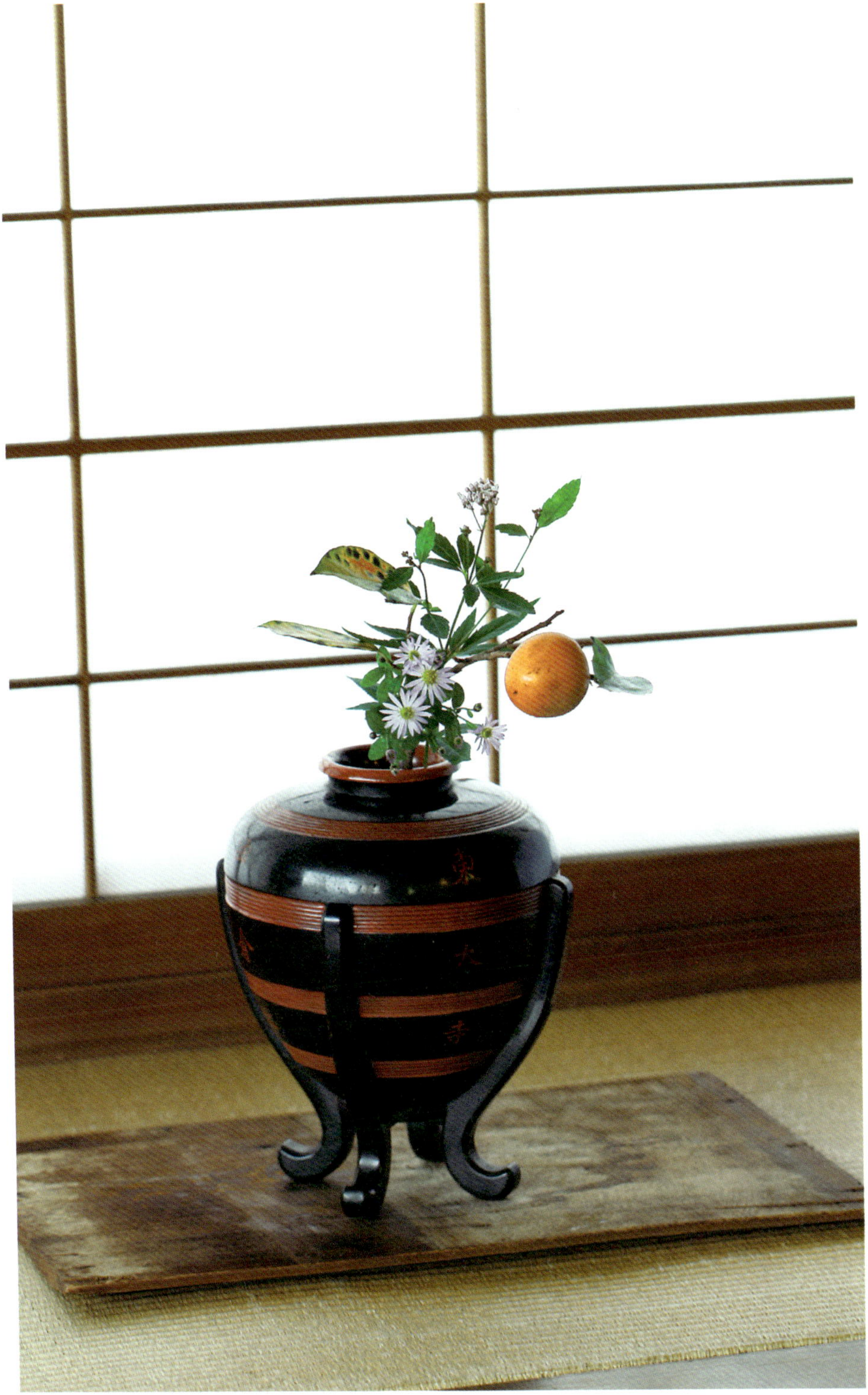

龙胆 三褶脉紫苑 荚蒾

信乐茶碗　辻村史朗作

龙胆和三褶脉紫苑是在别院生出来的，与花店卖的有些许不同，十分适合用于茶道，搭配上红色的荚蒾，颇有秋意。

照片上的花器是辻村史朗的作品，在烧制过程中碗口处略有缺憾，因此用黑漆补了一下。先前，因辻村先生的夫人说"田中先生应该能巧妙使用吧"，所以先生才把此器赠与我，我时常用此器点茶，日常生活中也是十分钟爱。窑厂的秋天正如此物，这样想着，将花插进去后，有了再次拜访先生的想法。

金线草 乌头

旧藏　酒葫芦

实在无法相信带有剧毒的乌头会如此美丽。

我和内人经常去信州的上高地，那里有片开满乌头花的地方，实在是被它的美艳所折服，我们常常驻足欣赏。每次去上高地，都会住上几晚养精蓄锐后再回家，但无论去了几次都还想再去。对上高地的爱慕日益加剧，我甚至还去了瑞士，美丽的花儿给我留下了深刻的印象。

花器是儿子十分喜爱的器具，特意拿来给我做了花器。

金线草 马兰 蛇葡萄

弥生土器

我在佐纪山附近采来了色泽艳丽的蛇葡萄。在人烟稀少的山边,马兰、三褶脉紫苑、纤弱的金线草开得争奇斗艳,把它们一起插进花器里时都难辨彼此。

最近符合我心意的弥生土器甚少,好不容易发现了一个,赶紧采来花插进去观赏。柔和的花器要配温柔的花,插完花后不禁怀古感伤,正是秋景秋思。

再添一枝小小的山茶,更别有一番韵味。

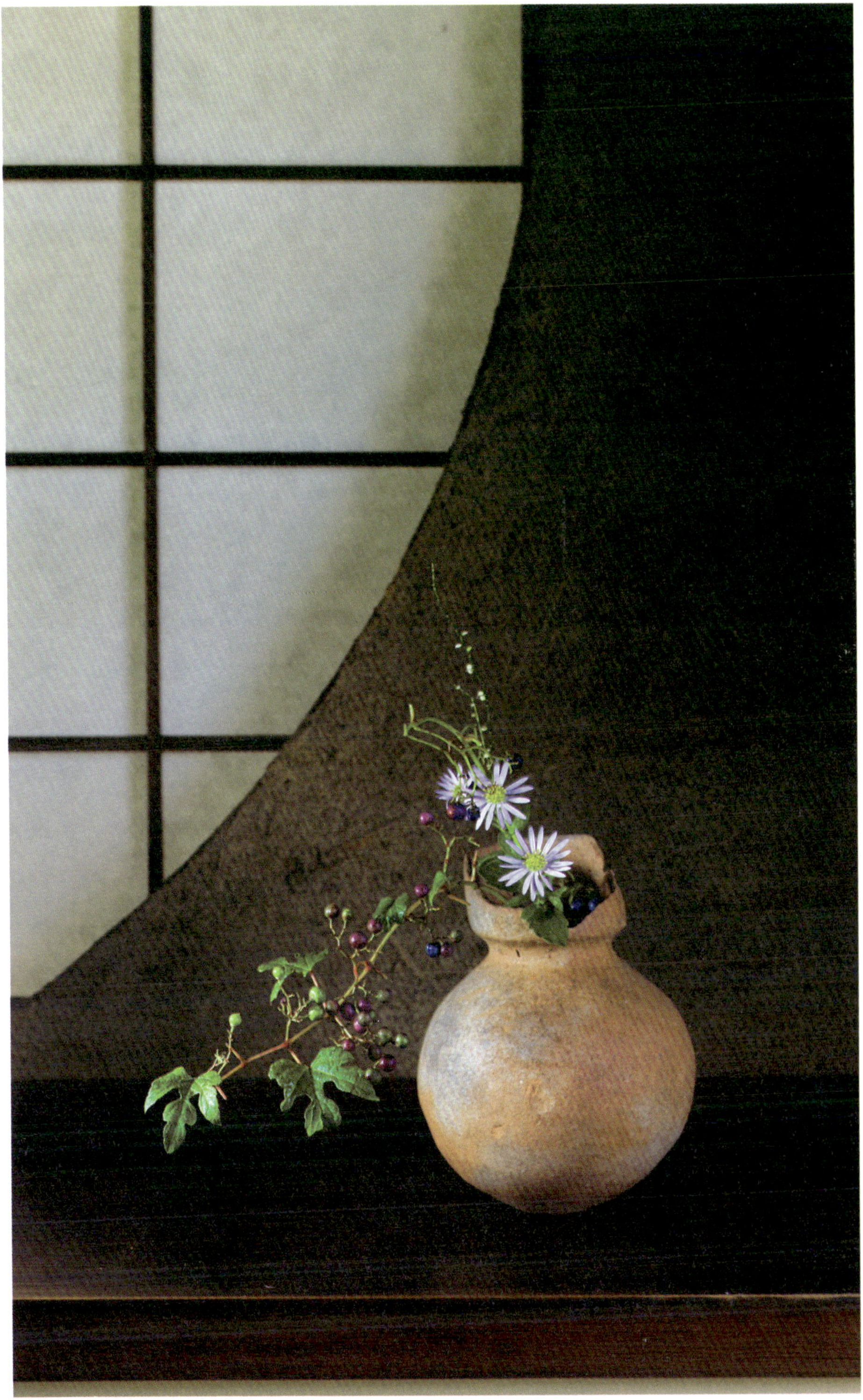

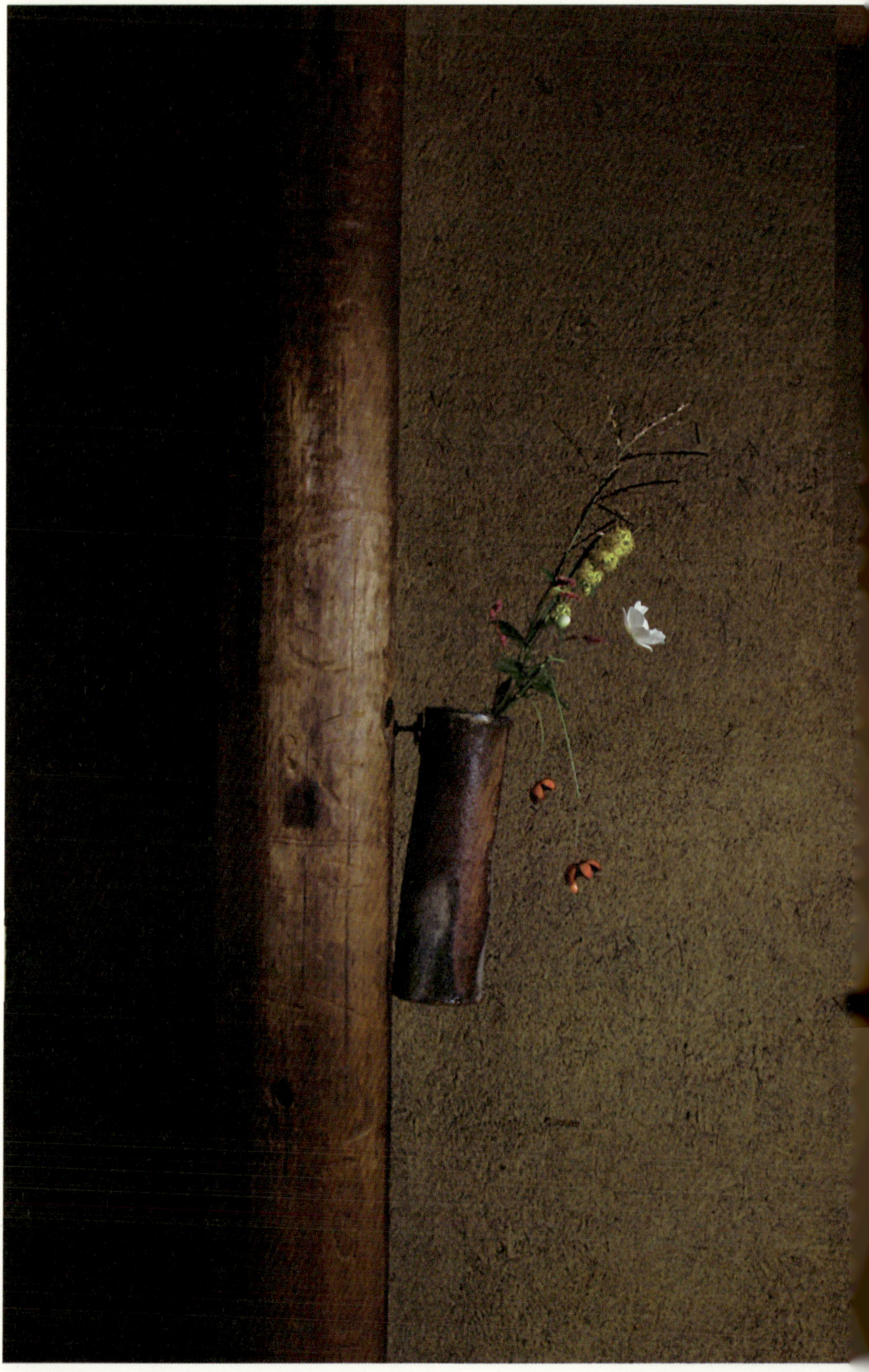

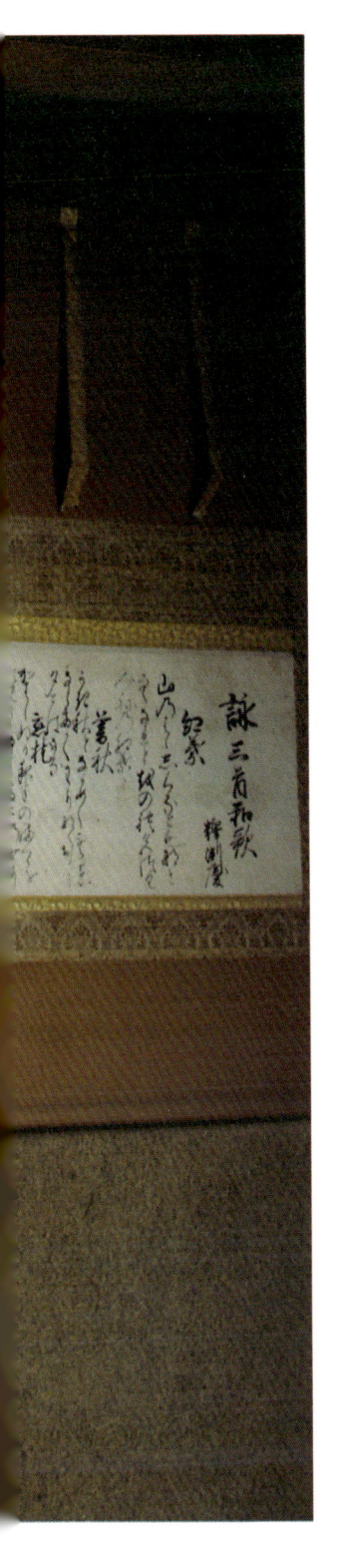

芒草
毛果一枝黄花
白花秋牡丹
垂丝卫矛

兴福寺尊藏院渊庆书 三首怀纸
常滑野花立

　　秋日里，佐保的山脚处开满了毛果一枝黄花的小花，摘回家后配上别院里已结出红色果实的垂丝卫矛和白色的秋牡丹，又添了一束芒草来装饰壁龛，不知是否显得多余。我之前在信州上高地见到过野生的垂丝卫矛，绚丽地开放在高地上。

　　壁龛的怀纸本来是有三幅成套的，近年来被拆分单幅使用了。尊藏院渊庆是在《松屋会记》中出现过的高僧，照片是兴福寺上上代的贯主[1]多川乘俊题的字，永岛福太郎先生称之为"继镰仓时代的春日怀纸之后，室町时代的代表性怀纸，堪称后世的春日怀纸"。

　　歌咏红叶的和歌"天际未曾撒时雨，红叶何故染谷峰"着实美妙，再和上《暮秋》和《恋枕》两首，共有三首和歌。

1　贯主，天台宗座主的别称，指一山之指导、住持者。

须惠器广口壶

毛果一枝黄花
野菊
佩兰
蓼
金线草
芒草

秋天的佐保山毛果一枝黄花盛放，去扫墓时顺便采了一些回来。

将采来的花自然地插在广口壶中，而不是惺惺作态地特意插成要人来观看的样子。没有什么能够比在原野中盛开的野花更美的了。

无法庵往昔物语

友明堂书留帖摘录——夏至秋冬

（茶会記　田山方南書）

古美人之会

昭和五十一年（1976）的初夏时分，我和"古美人之会"一行人加上田山方南先生一起举办了一场茶会。至于"古美人之会"的由来，就如田山先生所言"人也如同古备前和古伊贺一般，特别是女性，具有古典气质的女性最美"，于是富士名流四夫人聚首，组成了古美人之会，共享茶趣。我们也十分注重对家人的款待，将他们安顿在奈良的别院，和家人一起考虑如何让客人尽兴，尤其在野外点茶这一点上大家志趣相投。

书中所描绘的菅笠和金刚杖，是昭和四十一年（1966）六月，我和田山先生同去京都的醍醐寺三宝院门迹的大峰山花供入峰时遇到的。在野外点茶时挂在树上用作装饰，我用铭为"入峰"的平安山茶碗点了一碗薄茶，现在回想起来依然幸福不已。

从那次拜访入峰山开始后的十年间，我与田山先生一起拜访了白山御岳、出羽三山等神圣之山，留下了美好的回忆。

（月亀之絵）

天上有月
池中有亀

方南

月与龟

我家别院里有一口池塘,到了秋天水越发澄澈,月亮能够清楚地映在水面上。现在的池塘中布满了睡莲的藤蔓,而在之前没有睡莲的妨碍,鲤鱼、龟、鳖能够自由地畅游其中。

某天,以田山方南先生为首的友人们说是想要听着虫鸣声来观赏池中月色,便相约一起来到了别院。虽说还未到仲秋赏月之时,我们以酒代茶,举办了一次酒宴,此次相会虽然十分尽兴,但想到故人皆已魂归他界,内心寂寞无法言喻,只能将这些美好的回忆珍藏心中。

暂把满月搁在栗子饭中
待她熟前
独自小憩

（栗子绘）

方南作

赏月之会

昭和四十一年（1966）的中秋傍晚，举办赏月茶会的莺城十分热闹。

和田山方南先生、河濑无穷亭夫妇、十河半圆庵（常念寺主持）、堀池春峰氏（东大寺图书馆馆长）、本间薰山氏、佐藤寒山氏（本间氏、佐藤氏都是研究刀剑的专家）一起品尝了岳父的手作料理，饮酒作诗，好不快活。

堀池春峰氏作出了俳句"月浮白云光皎皎，遥观平城古都夜"。田山先生也是连作"我欲听月，却闻虫鸣""别仲麻吕来观月"两首，无穷亭也吟出"栗壳入火去，月从烟中来"，夫人紧随其后，咏出"和服袖虽小，欢喜笼其中"的佳句。半圆庵最后吟咏"赏月之会，杂鱼（谦称自己）混入海狮（雅指田山方南、河濑无穷亭、堀池春峰）中"。

是夜，大家各抒胸怀，实在是难忘的时光。

（花、花器絵）

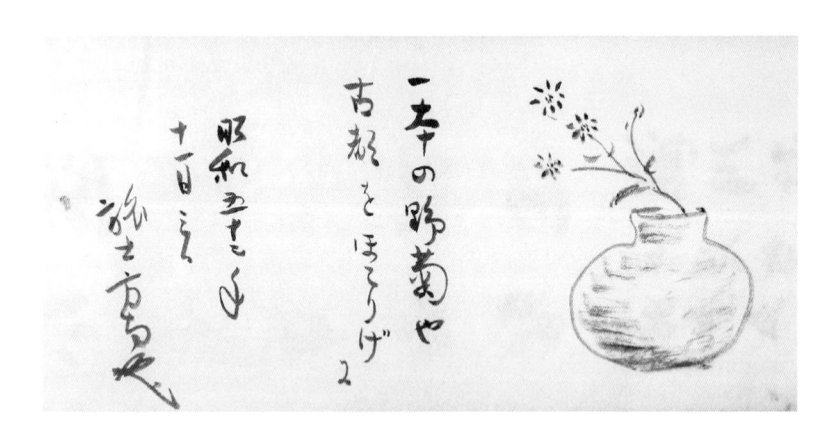

傲古都

一支野菊

昭和五十二年
十一月三日
旅士方南（花押）

秋似锦

每年秋天十一月左右,离我家很近的奈良国立博物馆总会举办正仓院展,人来人往热闹非凡,一连几日从早到晚都在忙着接待各地来的客人,尤其是枫叶红后的金秋时节,就这样一直忙碌到秋末。

以怀石料理而出名的辻嘉一也常来拜访,有一次田山方南先生和辻先生在同一天过来,田山先生作了首戏谑辻先生的和歌"晴秋之日访奈良,昨日辻留今日方南"。

在展览期间,各种客人纷纷光临本店,虽说忙碌却也十分开心,使我不禁回想起往事……

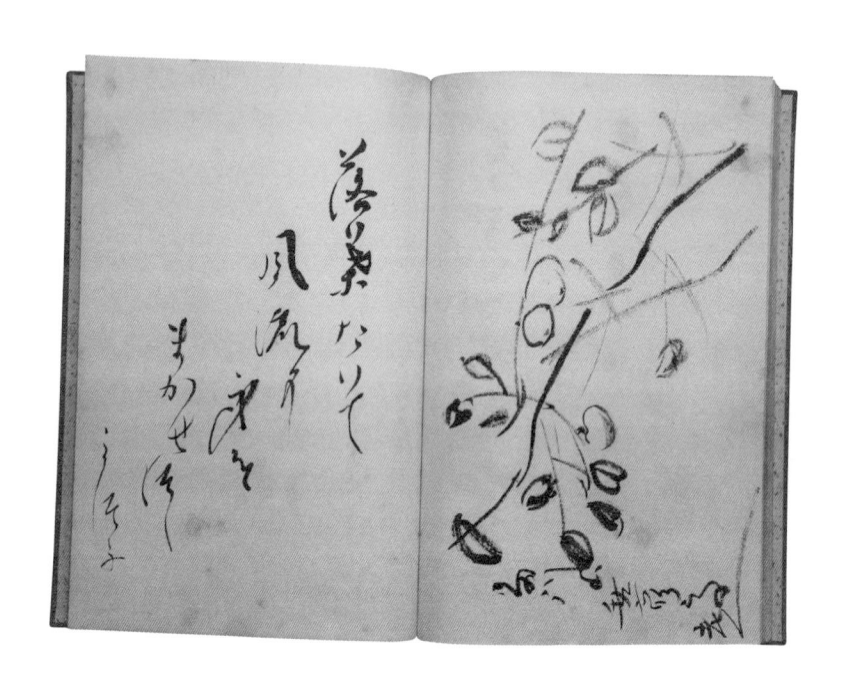

（柿枝叶绘）
多门山 无穷亭（花押）

焚落叶
卷风流
三津子

思无穷亭翁

在佐纪的别院中，我和养父合力招待了以无穷亭夫妇、田山先生、刀剑家本间顺治先生为首的亲友们。我不禁回想起在那个时候，兴致上来了就会有人提笔写字，然而现在却再也没有人肯写些什么了。

河濑虎三郎（号无穷亭）生于明治二十一年（1888），德岛出身，是大阪商家河濑家的养子，在继承家业的同时不断收集刀剑甲胄，一度在刀剑界被称为"河濑市场"，无人不知无人不晓。他五十岁后开始涉足茶的世界，昭和十八年（1943）移居奈良多闻山麓，开设茶室荣西堂，举办荣西忌茶会，许多茶人纷纷来访。受无穷亭影响的人不在少数，我也是其中之一，他实在是一位敏锐之人。

昭和四十二年（1967）十一月第一次明治村茶会时，留下了无穷亭翁、内人和我的合照。不禁感慨那时的我还真是年轻啊。茶会结束后回到了奈良，在无穷亭翁家的茶室中，我们一主一客品了茶，吃了夫人做的料理，现在想想十分怀念。

此外，我还和无穷亭翁一起去了小田原参加松永耳庵举办的茶会，茶会在每年秋天的十一月二十三日举办，需要住上几宿时也是两个人同住在一间，第二天再一起参加田山先生家举办的茶会，真是无与伦比的回忆。在好的时间遇到了好的人，如今在心怀感激的同时，我也深刻认识到没有这些人就不会有如今的我。

无穷亭翁在昭和四十六年（1971）一月去世，生前一直和我保持友好的关系。是年五月五日在河濑家举行"荣西忌兼无穷亭翁追善茶会"时，耳庵主持席间事务，田山先生代为点茶，我和内人在水屋帮忙，薄茶席则劳烦薮本三味居来点茶。没料到同年六月，耳庵翁也仙逝而去，实在令人唏嘘……这样的回忆数都数不尽。

去年遗属们出版了《无穷亭茶人书 松柏之粹》，书中刊载了先生于昭和四十三年（1968）二月十八日寄给我的一封信，上面详细记载了举办一场雪天早茶时需要注意的事项："想象着夜里下的雪来清扫茶室、水钵，在茶室庭院里的踏脚石上铺一层纸"。最后提到："多门山庄举办了数次早茶会，当时风流倜傥的客人们皆成为故人，主人也年华老去不复往日神采。无法庵也列出了举办雪夜早茶应有的准备，认为白日品茶实属平淡，清晨傍晚的茶才是别有乐趣。"

无穷亭翁的第十三次忌日时，我用了悬茶釜点薄茶。

壁龛　二字横幅"无法"
　　　松永耳庵书　表装　无穷亭特制
花器　伊贺附耳花器
　　　田山方南作
香盒　塔形　石田茂作制
茶釜　荣西堂常什　手提茶釜
水指　备前共蔍
　　　铭"白野弁十郎"
　　　田山方南作
茶器　明字乐器　无穷亭旧藏
茶杓　无穷亭供筒
　　　铭"春日大明神"
茶碗　无穷亭手造
　　　铭"鸣户"　白水窑
替　　田山方男手造　赤乐
　　　水谷川紫山手造　赤肤
　　　萩大佛茶碗

我穿上东大寺二月堂修二会的纸衣，作为主人点茶，虽说席间道具皆是故人或是故人亲友所作，但仍无法抚平我怀念故人的心情。

忙中闲

昭和五十六年（1981）五月在爱知县犬山市的明治村茶会，我作为招待人，借助大和、伊贺、信乐等工艺会的同好们提供的道具，在日本庭园中点了茶。这幅集体写画是昭和五十五年（1980）十二月茶会大家聚在一起时共同写出来的。

我还是第一次做招待，在一无所知的情况下十分艰难。茶会前日大雨倾盆而下，茶会当天却万里无云，两天时间里客人络绎不绝，内人和次子一同在茶会上帮忙，长子在奈良帮我照顾店里。茶会顺利结束后，我终于松了口气回到奈良的家里，后来向给茶会提供道具的工艺会同好们表达谢意时，大家纷纷对我说"辛苦了"，几日里积攒的疲累顿时烟消云散了，现在想想宛如昨日之事。

那之后，在利休四百年忌辰时也劳烦工艺会和我一起作为第二席茶会的招待人，席间明治村茶会运营委员也莅临现场，为明治村茶会以来客人不断的盛况而高兴。

在如此繁忙的年末回忆往事，正是忙里偷闲。

（茶碗绘）

正人

（茶碗绘）

赤肤
乐斋

思念

（壶绘）

为

友明堂

栗壳

光生

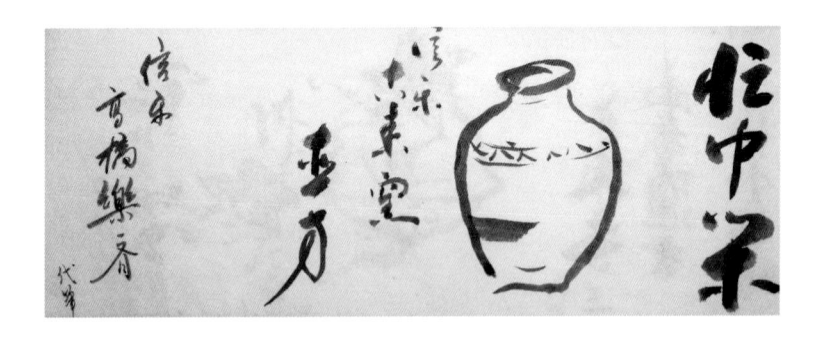

忙中闲

（壶绘）

信乐古来窑

直方

信乐

高桥乐斋

代笔

如花在野
——秋逝、年来

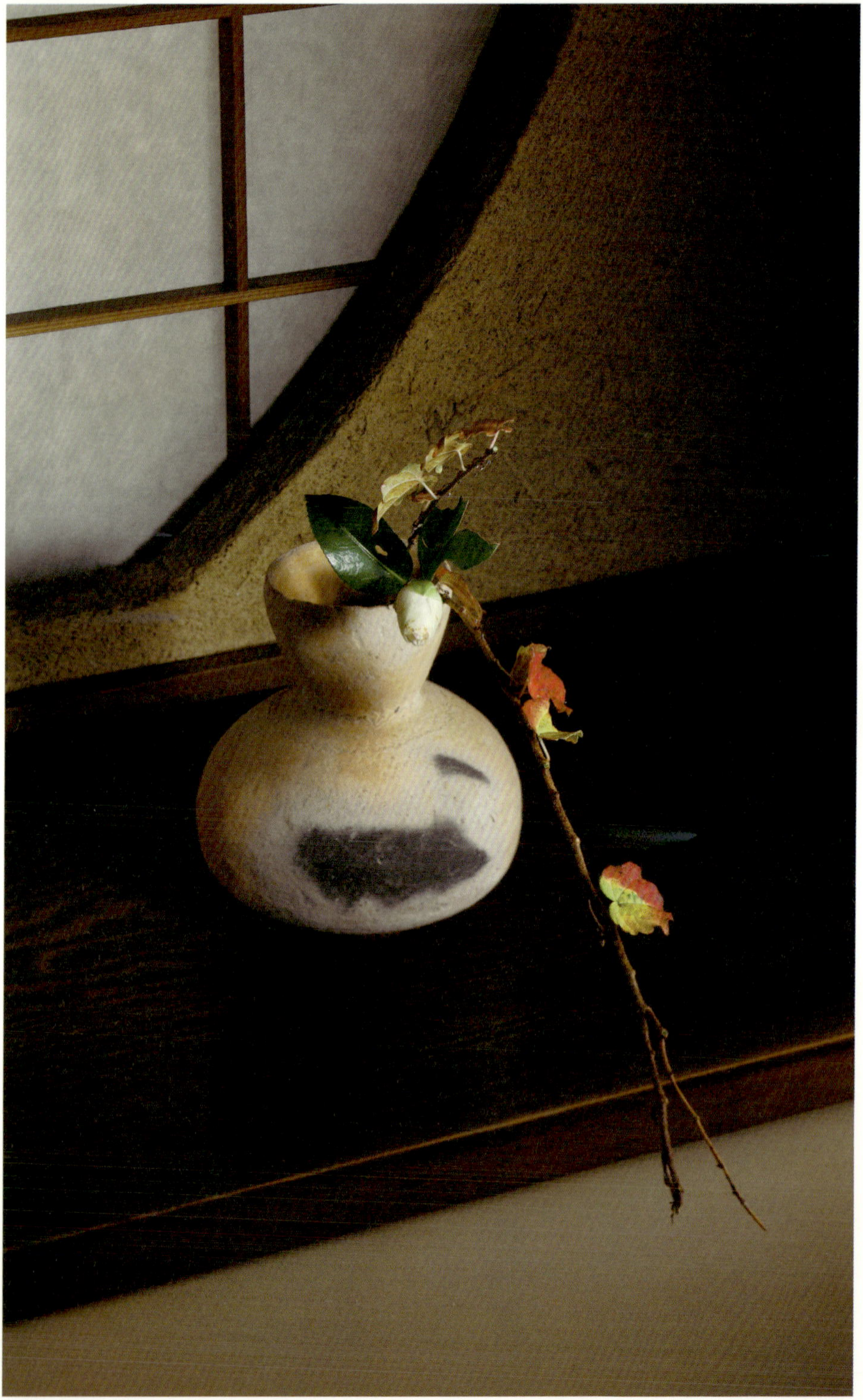

十一月

白山茶 爬山虎红叶

弥生土器

之前经常能入手一些弥生土器和土师器[1],但最近很少看到做工不错的,还是朋友帮忙买到了一件称心的。这件弥生土器在秋冬给人以温润之感,花儿插进去映衬得很漂亮,花器很有地方风情,与花儿十分相配,因此我十分喜爱。

---

1 土师器,从古坟时代到奈良平安时代使用的不施釉彩素陶器的总称,由弥生陶器发展而来。

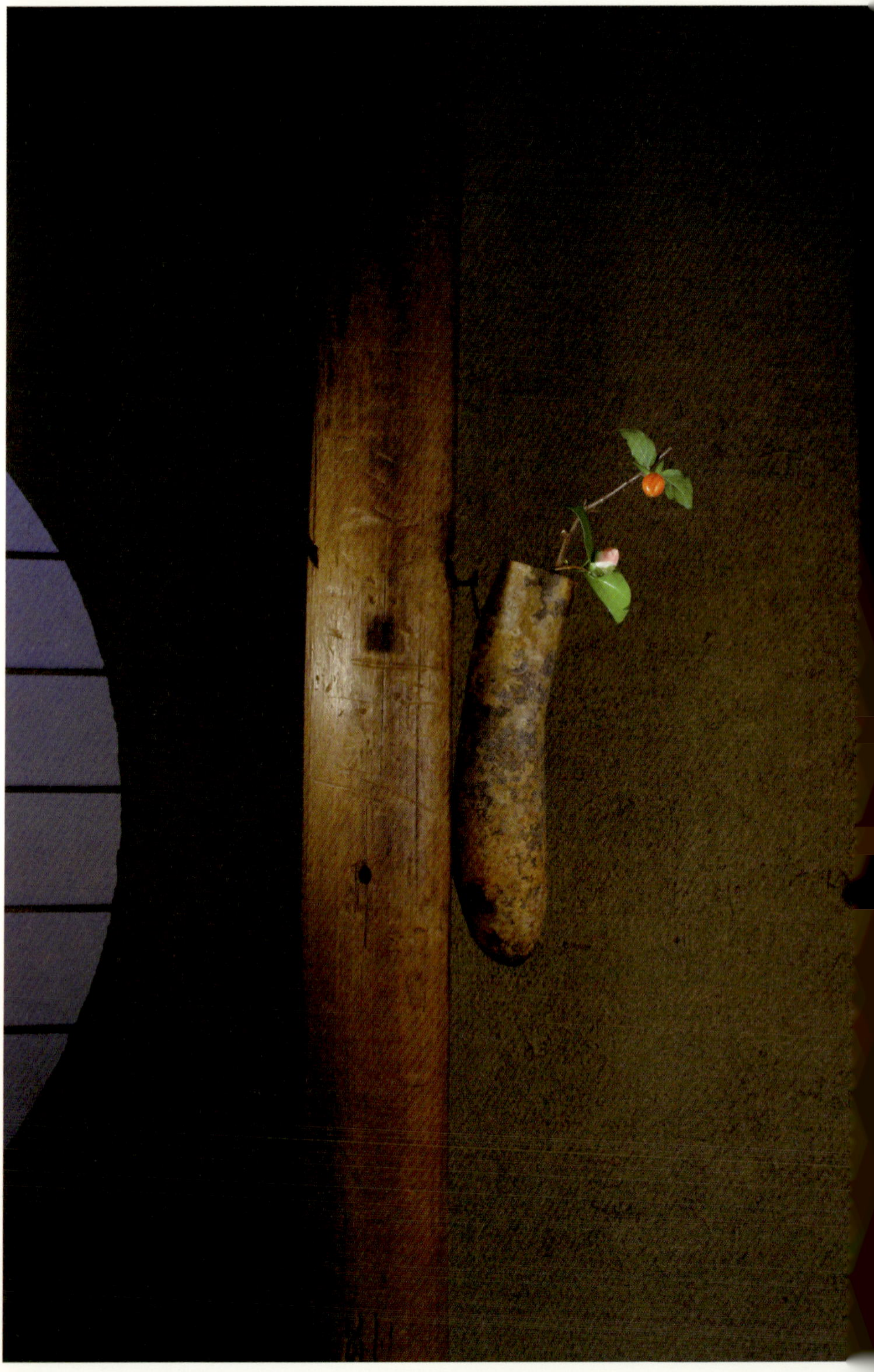

笔柿
西王母山茶

乌丸光广卿 《咏草》 春秋之歌
旧藏 挂式葫芦

终于到了山茶花开的季节，与开花的草不同，山茶可以不用太过费心换水的事情，花期也较长。但正因如此，才需要不断提醒自己不要懈怠。

近郊摘到的山茶配上院子里培植的笔柿，因笔柿和正仓院里的雀头笔十分相像，因此取了这个名字。

乌丸光广卿的《咏草》里写道："行有老人命书付一首，于是信手写下'野花染红叶，心中映春秋'。"

白英 白侘助山茶

垂拨 法隆寺古材
须惠器

今年的白侘助山茶开花较早，实在让人欣喜。将具有古朴风情的花器挂在古材质的板上，再插入结出红色果实的白英以及白色的山茶花，野趣盎然，花朵和花器都显得更加优雅。

鸭上户（白英）这个名字据说是因为鸭鸟喜欢吃它的果实而来，但事实上白英含有毒素，无法食用，我因为喜爱这种花，经常拿它作配花。

白英结红果
婷婷绕土墙
　　愚咏

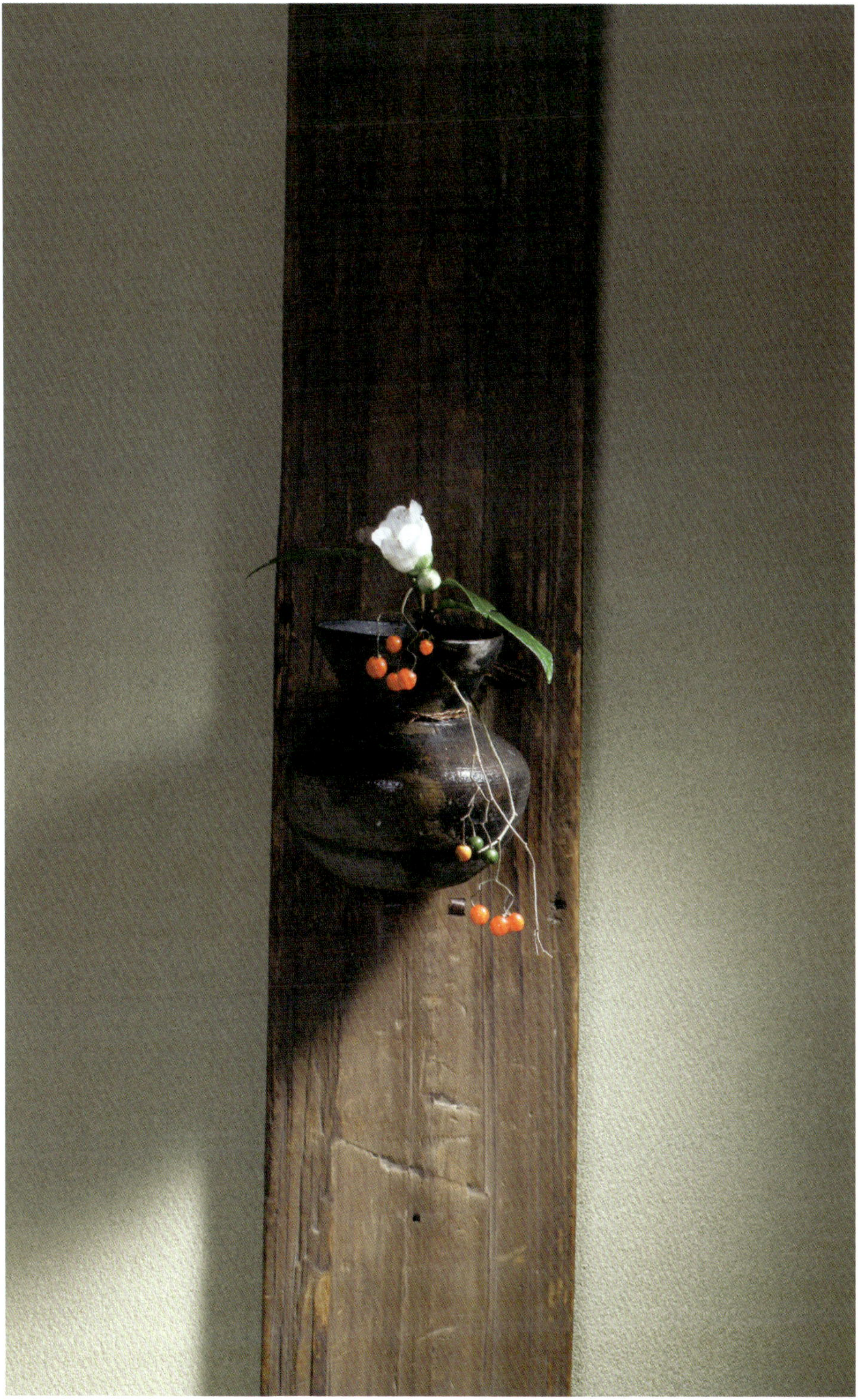

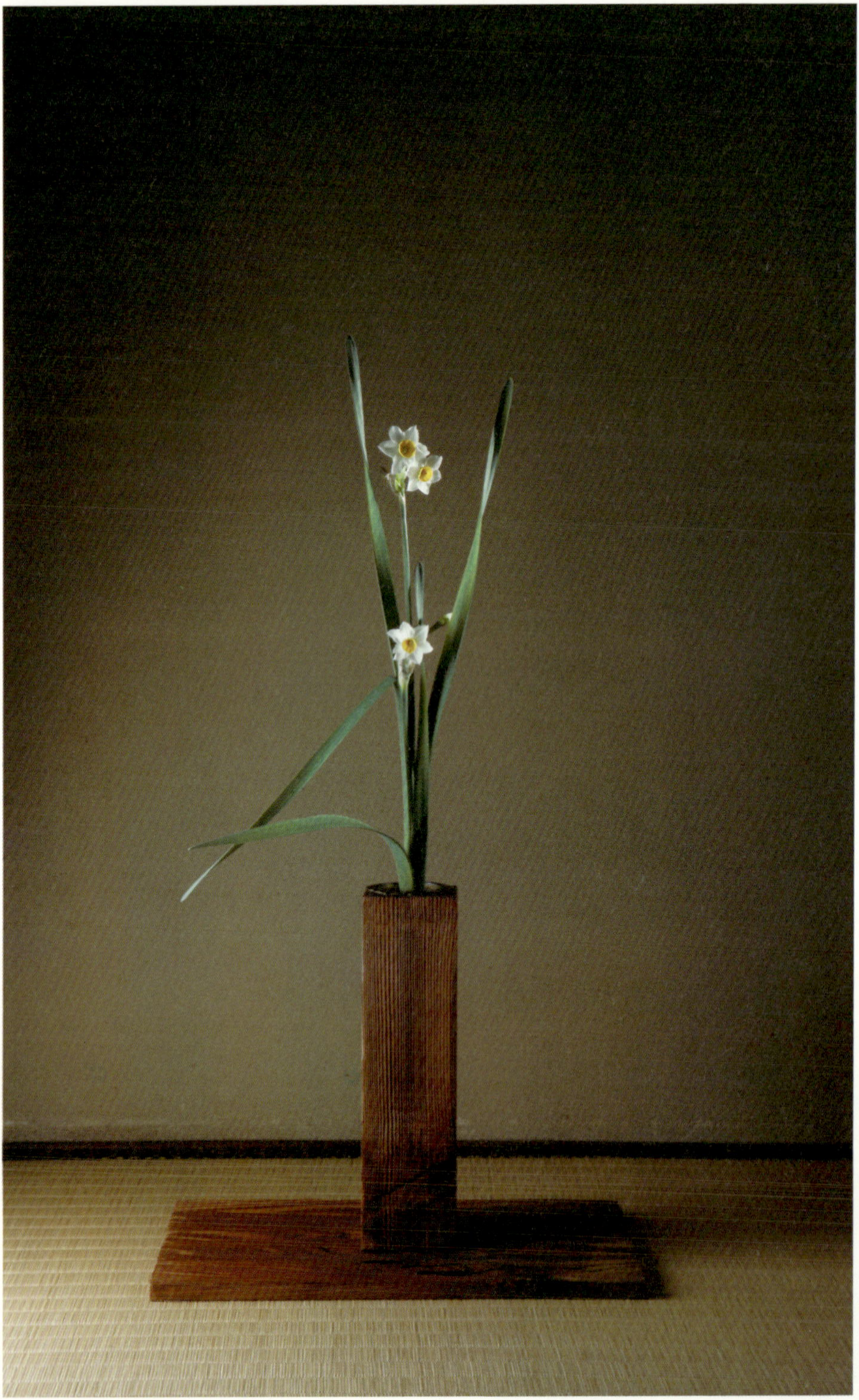

水仙 春日杉

照片上的花器是内人从别处求来的，似乎十分期待插入花之后的样子。邻居送来了水仙，我立刻欢喜地忖度好长度，尽量保持花的修长感，并将折弯的叶子也一起插了进去。

春日杉是之前加工过的花器，一直以来我都十分珍爱，似乎是为了纪念什么而制作的，是个非常棒的容器。

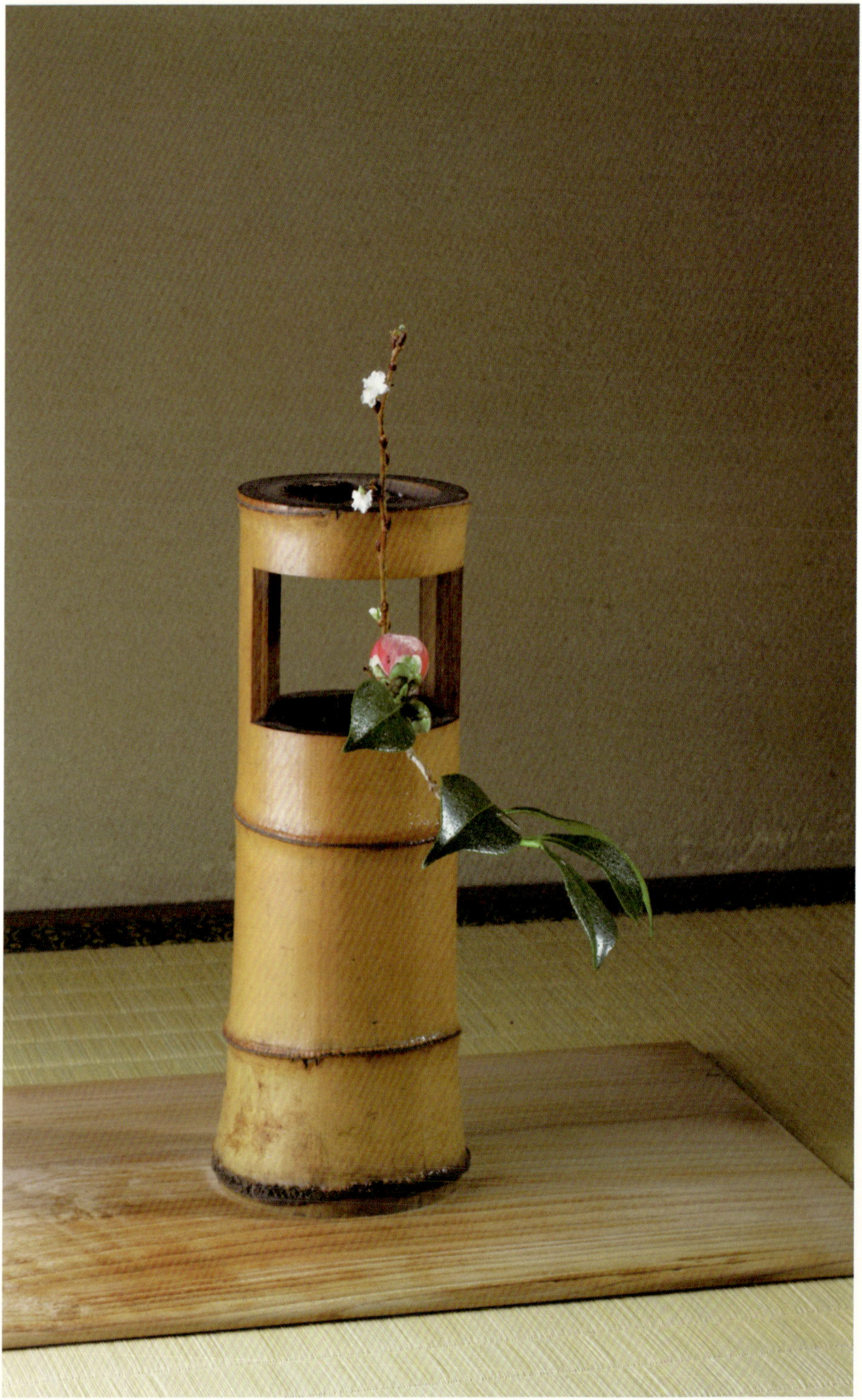

寒樱卜伴山茶

旧藏　竹置筒　铭『柴之户』

在通往神社的近郊发现了卜伴山茶的花蕾，连枝一起剪下，配上跟随内人学茶道的弟子送来的寒樱一起插入花器中。

近年气候变化剧烈、连花都不按季节绽放了。

白蓼　西王母山茶

竹一重切　觉觉斋作

　　从亲友处听闻"院子里的西王母山茶已经开了",就厚着脸皮前去拜会,结果朋友愉快地到院子里剪下几枝送给了我。西王母山茶可以开很长时间,在雅致的竹一重切里插上一枝艳丽的山茶花,再配上蓼的枯枝,悬挂起来。

侘助山茶

信乐钓香炉　江户时代

　　坐儿子的车出去寻花时，内人折了枝漂亮的山茶回来，花枝的样子与悬挂式花器十分相配，未经修饰直接插入花器中，远观片刻。

　　自然中的花最美。

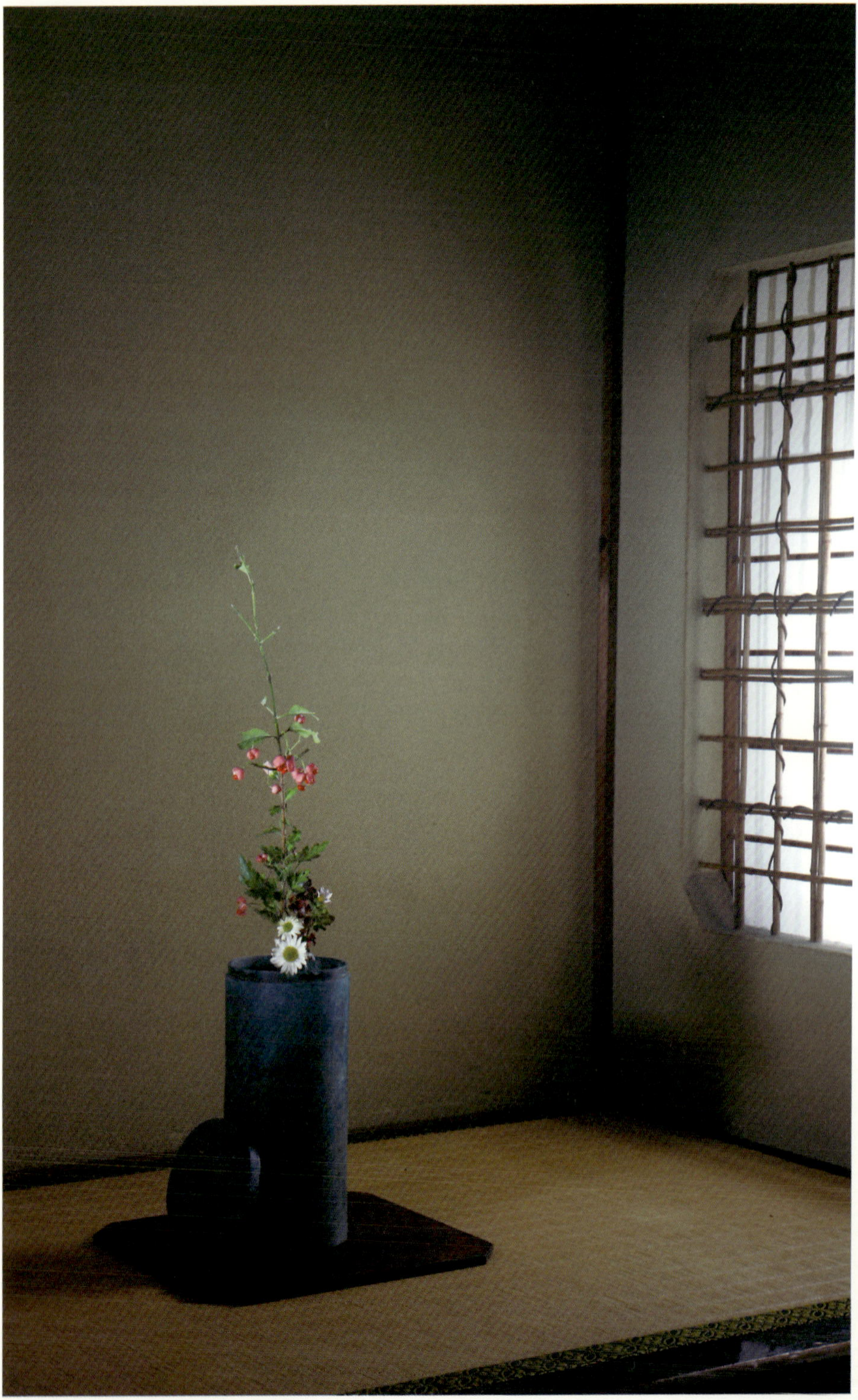

寒菊 卫矛 经筒 平安时代

我跑到奈良市东部的山里去寻花时，在田间小路边看到了叶子被霜打过的小菊，摘下来配上卫矛插进了经筒里。

这个花器似乎是京都附近的经冢[1]内出土的，容器底部还有装经卷而留下的痕迹。拍这张照片时是平成二十三年（2011），这一年发生了东日本大地震，奈良以及和歌山县还遭遇了台风袭击，出现了许多受害者。另外，一年即将结束，饱含着各种祈愿，我将花插进了经筒里。

经筒是最适合追善茶会不过的了。

---

1 经冢，将佛家经典埋在土中形成的冢，佛教将营造经冢视为善行之一。

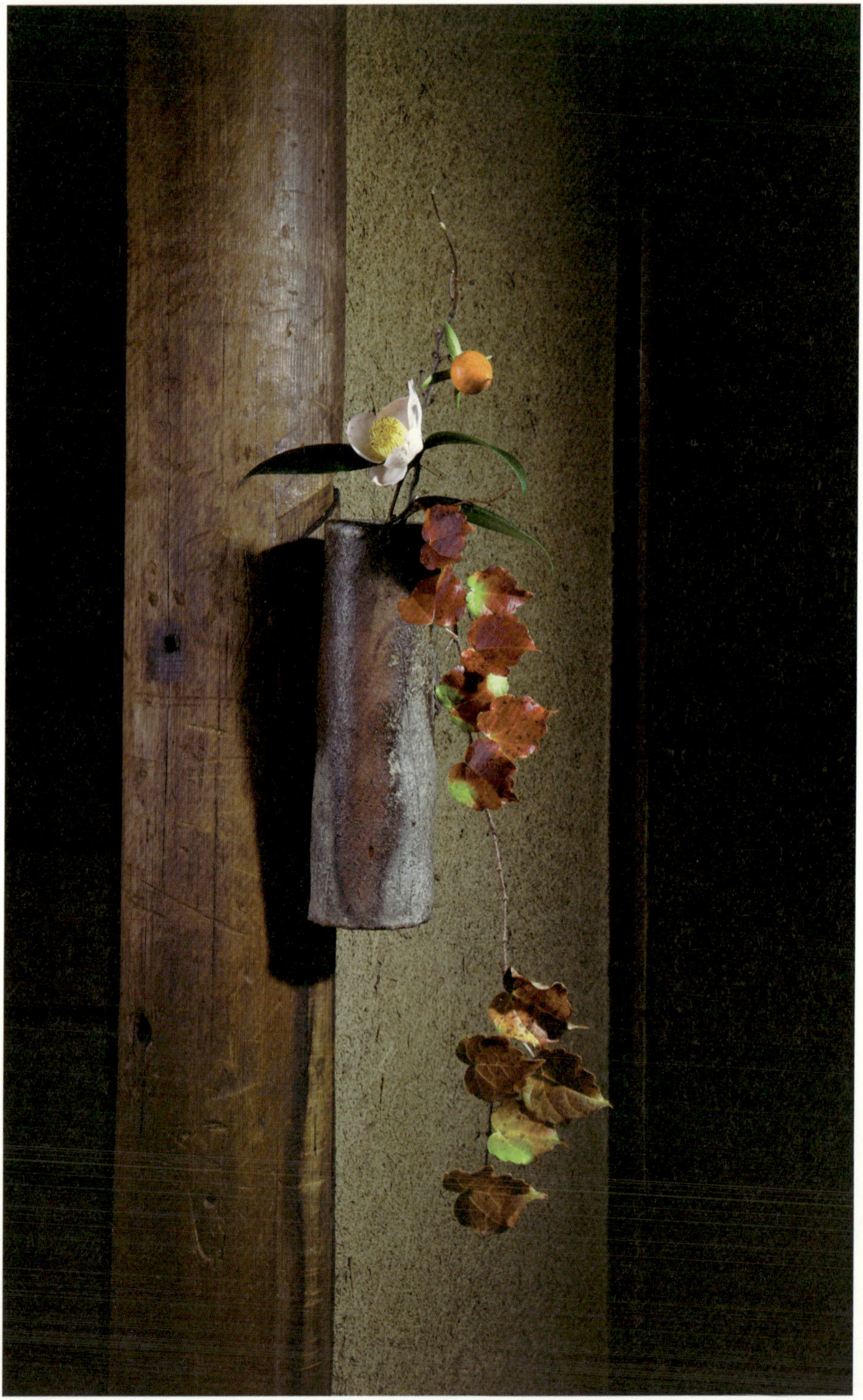

曙山茶
笔柿
爬山虎红叶

雪村绘　芦苇鹭鸶图
常滑野花立

> 红叶绕土圩
> 古寺小径幽
> 　　愚咏

在比较盛大的茶会中大家是一定会去观赏照叶的，可以想象它有多么美了，但我反而很喜欢不怎么被关注的爬山虎红叶，红叶被阳光照射后朴素简单的样子十分美丽。

爬山虎红叶与线条粗犷的花器十分相配。

紫式部 一子山茶

古民艺黑涂葫芦德利

家中的小院子里有一株一子山茶，花朵呈鲜艳的红色，早早地开在那里。在花朵较少的季节里我十分珍视。

这种山茶好像是昭和四十一年（1966）在爱知县幸田町近郊的一户农家院子里发现的，"一子"好像是发现者妻子的名字。内人的名字叫作弘子，因此我把种在我院子里的这株叫作弘子山茶。

作为花器的葫芦瓶口处有一个涂朱漆的盖子，虽然容器很轻，但加入水后重量刚刚好，底盘可以变得很稳。

在山间采到了果实颜色浓烈的紫珠，取了较为灵动的一枝配上山茶，我不禁脱口说出"好美啊"，惜秋之情油然而生。

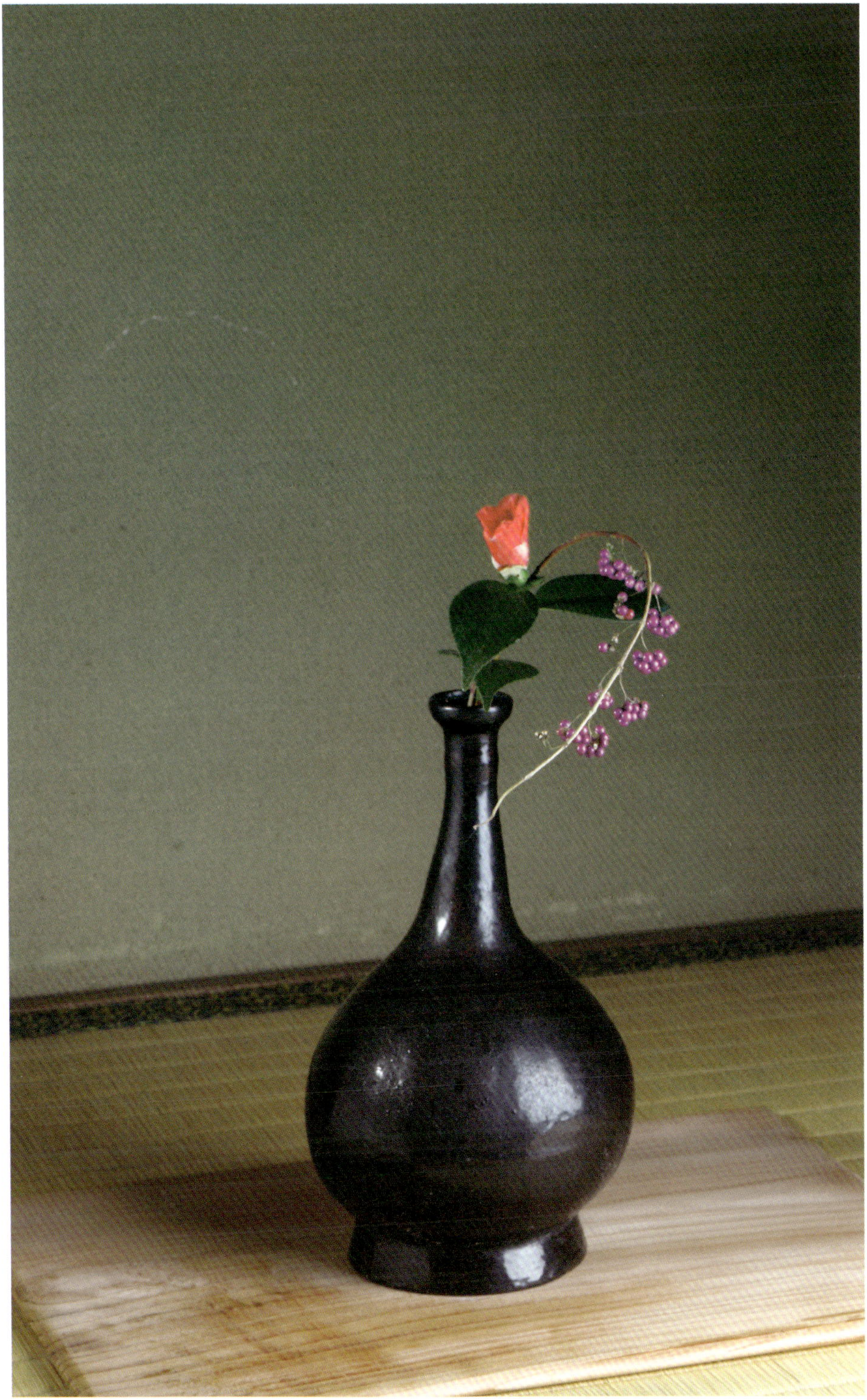

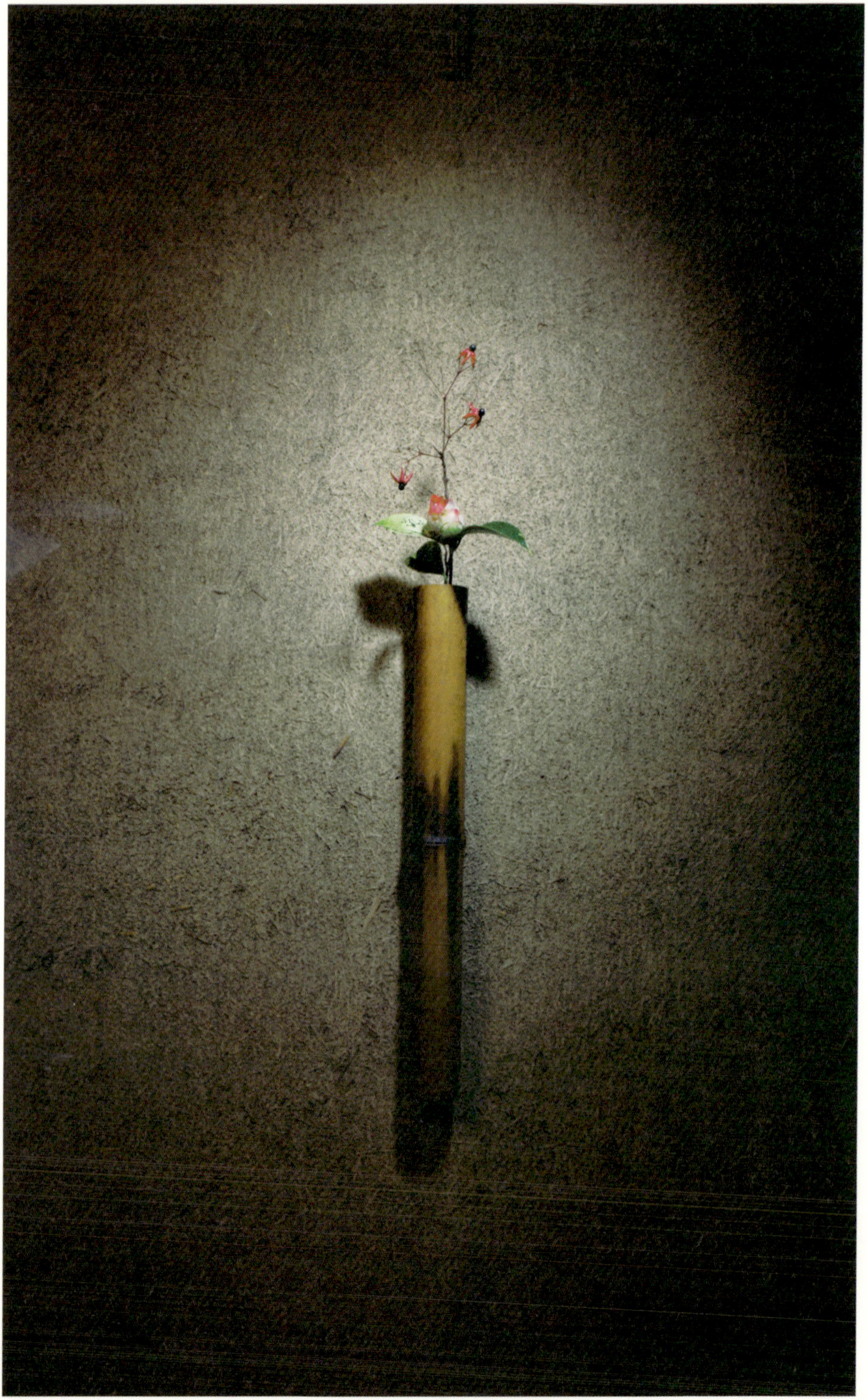

十二月

臭梧桐 太神乐山茶

尺八[1] 铭『眠鹤』 久田耕甫作

在我家院子后的河流上游有一棵臭梧桐,虽说无人问津,但开花后褪去红色外衣露出黑色果实的样子特别像米面蓊。米面蓊是我在正月期间十分喜爱的配花,而臭梧桐好像不怎么被用作茶道用花,也许是因为剪下的花带有不雅的气味吧,但如果在冬天剪下来完全不会有异味,再配上太神乐山茶后,我和内人一起远观片刻,好不悠闲。

1　尺八,一种竖笛,日本古典音乐的代表性乐器之一,管的一端外斜,一般以竹制成。

芒草寒菊

旧藏　茶擂钵

在茶擂钵中添上一束寒菊,黑黝光泽的容器瞬间有了种雅致之感。藏书记载:"江户时代末期,在但马的深山里一户叫作山根的农家得到了此宝器。"

之前去拜访某位茶人时,在幽暗的玄关处的土里看到一束枯掉的芒草被插进了桶里,我莫名地觉得一阵感动。松永耳庵翁还在世时,在某年的晚秋时节我们受邀参加老榉庄茶会,在无住庵茶席上的点心盘用的正是和茶擂钵完全相同的器皿。忆起往事,感慨万分。

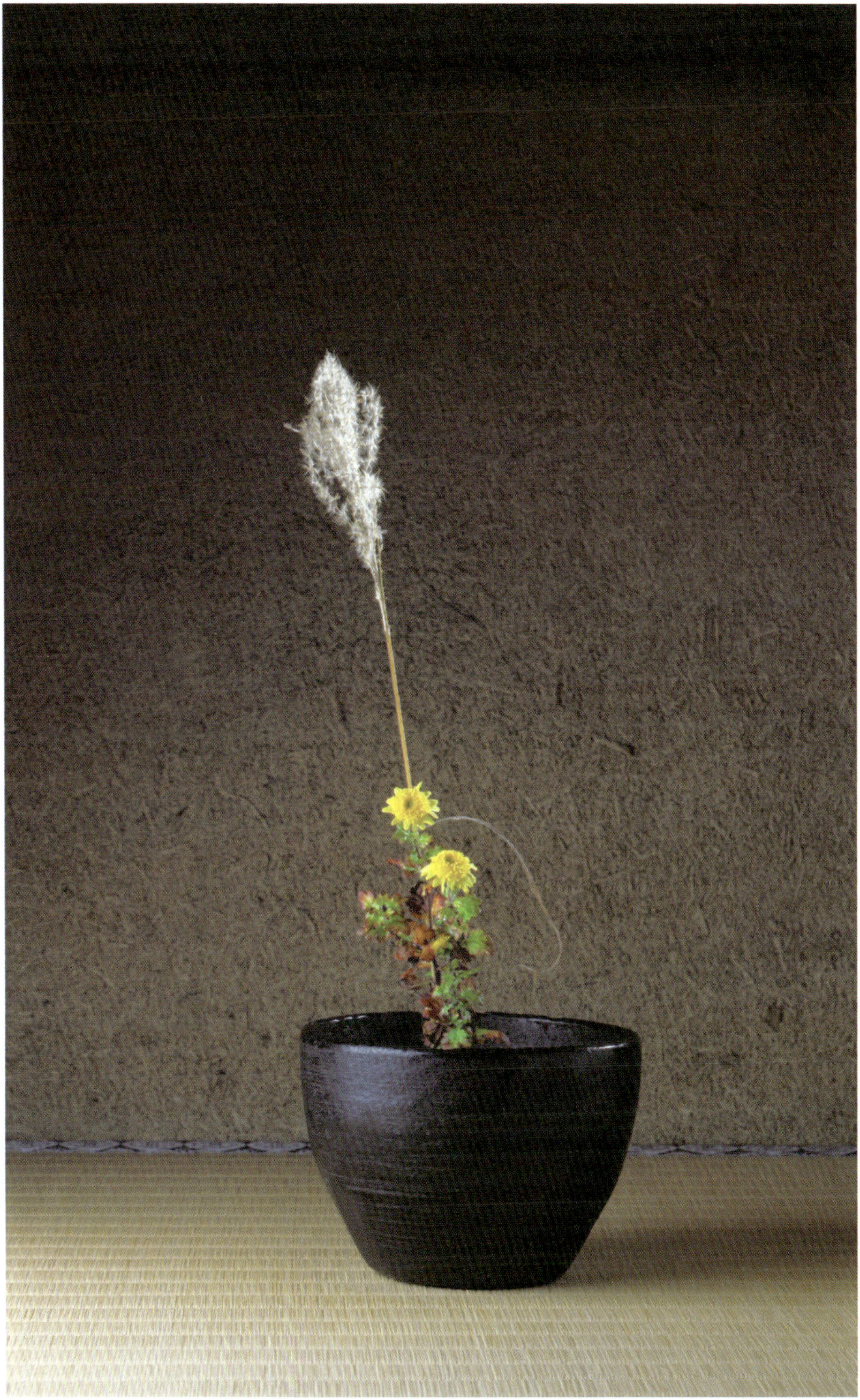

枫照叶
初岚山茶

手桶水指　近藤道惠作

　　照片中的手桶不是很大，用起来正好，因此我使用了好多年，偶尔用它插花十分愉快。
　　在别院中采了一枝鲜艳的枫叶配上初岚山茶，红叶映在花器的黑漆上，我不禁和内人一起感慨："真美啊！"

珍珠花照叶　西王母山茶

伊贺蹲挂[1]　辻村史朗作

我和辻村史朗先生是年轻时就认识的旧交，有时先生来店里会顺便带一些自己的作品，送来这个花器时先生也是不经意地说了句："如果是古器，蹲挂花器可是要卖高价的……"送过来之前好像还插了花，容器里有些许的水迹，花器做得十分精美，是我珍爱的器具之一。

西王母山茶配上珍珠花的照叶，一起插进了挂式花器中，与花钱买来的花器不同，这种别人赠予的花器充满了欣喜的回忆。

---

[1] 蹲挂，越前古窑、古丹波等地产的小壶，形状好似人蹲下来的样子。原为农家日用品，茶人根据自己的喜好用来插花。

莲 数寄屋侘助山茶

古竹挂

照片里这个花器貌似是古时制作的，当时的环还留在容器上，这是我常年爱用的花器之一。有次被拜托在某地表演插花时，就把没用过的此器带了回来。

枯得恰到好处的莲花再配上山茶，这种组合简直就是雅花的极致，令人欣愉不已。

古民艺通筒
野山茶 侘助山茶 南蛇藤

近年来像照片上这样有趣的容器越来越罕见了。我比较喜欢不是专门作为花器使用的器皿，这样的器皿更有古韵，这个通筒也是我常年来爱用的道具之一，此器不张扬，和任何花都很搭。

我给山边采到的南蛇藤配上红白两种山茶。冬天山茶竞相绽放，与花儿较少的夏天不同，冬天的山茶水分能保持得久些，实在幸运。

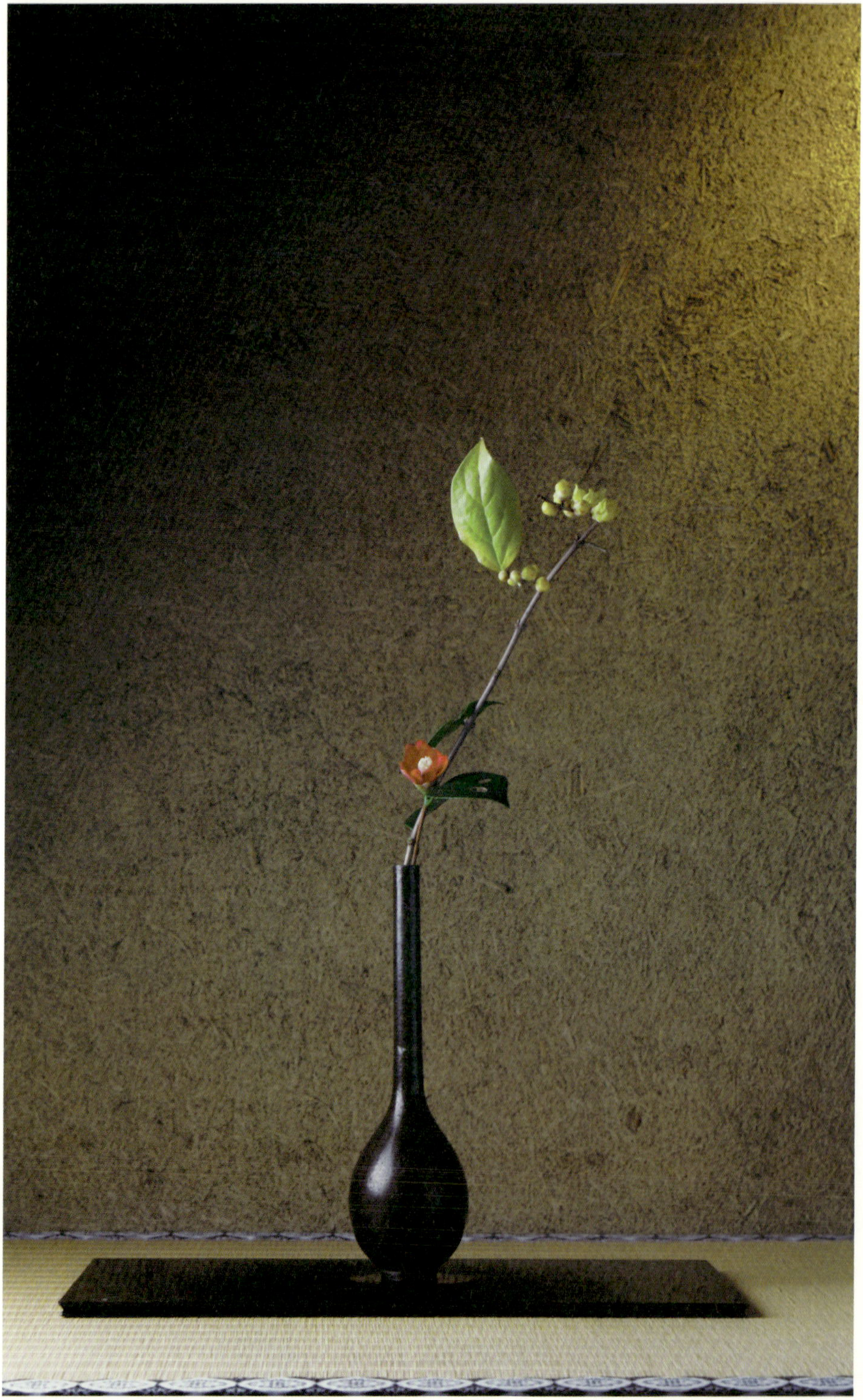

腊梅 红一休山茶

古铜鹤首

在别院中曾种过一种叫作红一休的山茶。在枯寂的冬天里它给院子增添了一抹艳丽的红，我看到后剪了下来，又添了腊梅的花枝插进了花器里。山茶被虫蛀过的叶子，再加上腊梅的枝子，更显清雅，伸展的花枝给寂静的茶室添了些许动感。

南五味子 数寄屋侘助山茶

竹一重切　小堀远州作

　　我看过很多远州公制作的竹花器，这个一重切是我多年珍藏的器具，上面还有松平不昧公及其夫人静乐院的箱书，可以看出它的流传被广为重视。兴福院会在每年四月举办长音堂茶会，其中我负责了三次，在平成二十二年（2010）举办的茶会中，我就用了这个花器。

　　用的花是在春日神社附近看到的结出红色果实的南五味子的枝子，配上茶屋侘助山茶，无论是花还是花器都充满生气。

野蔷薇籽
马醉木
寒菊

弥生土器

　　弥生土器那种柔软温暖的感觉使寒冷季节的花都映上了暖色，我把在野外采的三种野花随意插了进去，无论是放在案上还是挂起来都十分好看。在奈良，往古器中插入花朵之后心里总会有种满足感，相信不只是我一个人这样认为，古代人的日常和土地的温暖都通过古器传达给了我们。

野柿子　嵯峨菊　荚迷果　木枝叶

旧藏　木桶

在店里的玄关处，总会摆上些花来迎接客人。

附近的山路上发现的野柿子，配上内人不知从何处折来的不知名的长枝子，再加上嵯峨菊的残花，一起随意地插进了花器中。

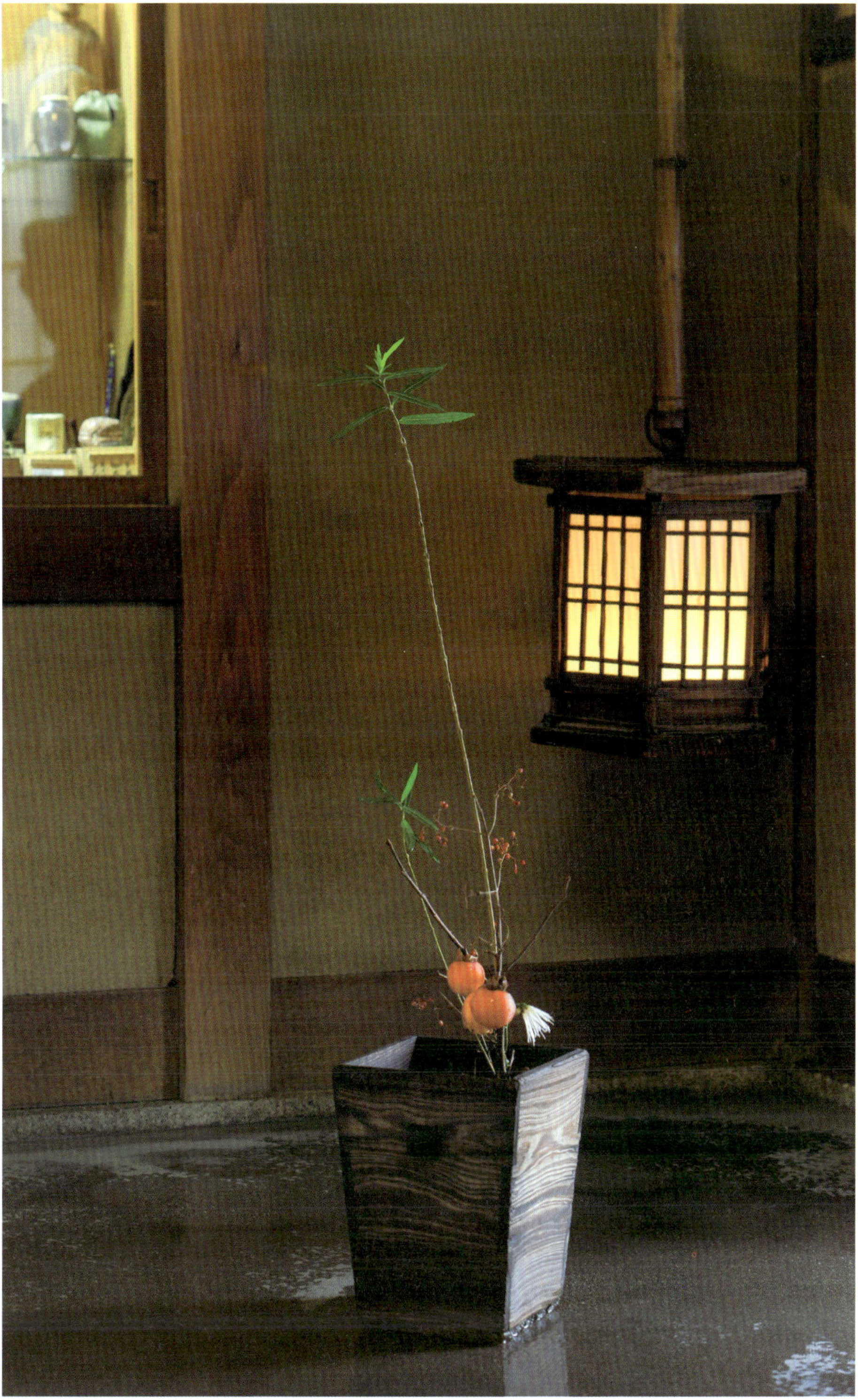

后记

彷徨着寻求原野之花
去年的时光如梦似幻

承蒙淡交社的厚意才能够出版这本书，对此表示万分感谢。古话说有一技之长方可存活立世，现在想想不知当初是哪位的推荐，使我多年以来以插花为乐的形象留在了世人眼中。昭和五十九年（1984）十月拙著《如花在野 茶花十二月》（文化出版局）出版了，那之后各家出版社也都来拍摄过我插花，但作为一本书出版的，这次是第二次。

本书的原型是平成二十四年（2012）淡交社出版《茶花》一书中我所负责的"寻求原野之花"板块。因为年龄大了的原因，对于需要花费一年时间的工作也不是那么自信，但每个月都沉浸在全心全意插花的喜悦中，当然也是多亏了内人和儿子的帮助。我身体不是很好，内人也是一样，和年轻时不同，体力有点跟不上，我们都在努力让这一年可以健康平安地度过。

我是那种被拜托了一件事就会全神贯注，倾注全部的人，不太会劳逸结合，十分固执任性，

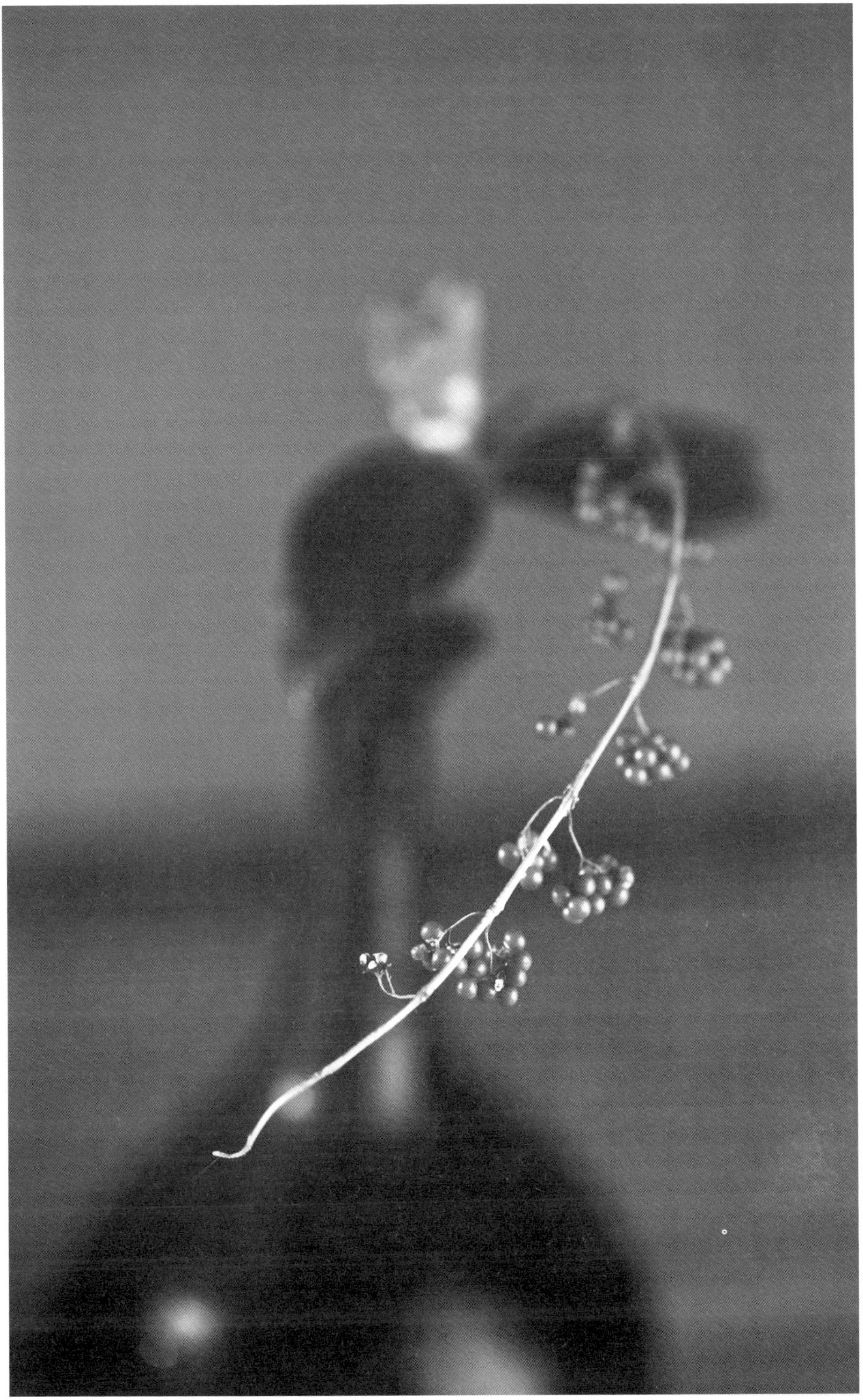

因此内人十分不易。我们年轻时结了婚,一直相互扶持着走到了现在,岳父田中明像朋友一样地和我相处,我从他那里学到了很多东西。岳父和我的生父古井友三郎不同,是个无拘无束的人,他在战后致力于铸造刀剑,可能因为内人是个独生女实在不适合做生意,于是转而开垦山田,建造庭院以自娱自乐。在岳父同意我们的婚事时,他曾对我说:"要像个人一样昂首挺胸地活下去。"从这句话中,我感受到了岳父与生父不同的人生态度:"人生不应该局限于此。"岳父十分博学,手脚灵活,但却从不插嘴我做的事情,刀剑界的本间顺治先生也十分敬重我的岳父。我跟随岳父学习了建造庭院的方法,另外把茶室从老家移建到现在的地方,也是和岳父一起花了很长时间一点点完成的,过程让人受益匪浅。

我刚入这行时是自己给茶屋起的名字,取亲生父亲名字里的"友",岳父名字里的"明",象征两家老人的德行永留我心,于是"友明堂"这个名字一直用到了现在。不知是祖先庇佑还是平时积攒的功德,我有幸遇到了各种各样的人,学到了各种各样的东西,有人曾说过一句话"不拒不追不竞不随",十分符合我这样任性放纵的人。我想要随性地走过我的人生之路,今后也会保持着这样的初心慢慢老去。

在本书出版之际，十分感谢摄影师宫野正喜、淡交社编辑局的森田真示、竹内文子对我的帮助。之前在《淡交别册　茶花（炉编）》和《淡交别册　茶花（风炉编）》两本书中，也用到了我的插花，那时的负责人也是森田先生，也许是同为奈良出生的缘分吧。在此也要感谢内人和亲友对我的帮助。今年我七十七岁了。

回首已是古稀年
惜花已是垂暮迟
　　　感慨

这真是古稀之年无上的纪念。

无法庵　田中昭光
平成二十五年九月

图书在版编目（CIP）数据

如花在野/（日）田中昭光著；张南揽译.--长沙：湖南美术出版社，2017.5
ISBN 978-7-5356-7987-1

Ⅰ.①如… Ⅱ.①田… ②张… Ⅲ.①插花－装饰美术－日本－图集②随笔－作品集－日本－现代 Ⅳ.①J535.1-64②I313.65

中国版本图书馆CIP数据核字(2017)第069491号

MUHOUAN HANAOURAI
Copyright©2013 田中昭光
Chinese translation rights in simplified characters arranged with TANKOSHA PUBLISHING Co., LTD. through Japan UNI Agency, Inc., Tokyo

著作权合同登记号：18-2016-124

如花在野
RU HUA ZAI YE

[日] 田中昭光 著　张南揽 译

出版人	李小山
出品人	陈垦
出品方	中南出版传媒集团股份有限公司
	上海浦睿文化传播有限公司
	上海市巨鹿路417号705室（200020）
责任编辑	张抱朴
责任印制	王磊
排版制作	凌瑛
出版发行	湖南美术出版社
	（长沙市东二环一段622号）
网址	www.arts-press.com
经销	湖南省新华书店
印刷	恒美印务（广州）有限公司
开本	880×1230　1/32
印张	6.75
字数	65千
版次	2017年5月第1版
印次	2017年7月第1版第2次印刷
书号	ISBN 978-7-5356-7987-1
定价	68.00元

版权专有，未经本社许可，不得翻印。
如有倒装、破损、少页等印装质量问题，请与印刷厂联系调换。联系电话：020-84981812

浦睿文化
INSIGHT MEDIA

出 品 人：陈　垦
监　　制：余　西
策 划 人：张逸雯
出版统筹：戴　涛
编　　辑：姚钰媛
美术编辑：凌　瑛

投稿邮箱：insightbook@126.com
新浪微博：@浦睿文化